2代目工務店社長の
住宅イノベーション

The housing innovation of the second president
of a local construction company that overturns
the common sense of the industry.

瀬口 力
SEGUCHI
CHIKARA

幻冬舎 MC

2代目工務店社長の
住宅イノベーション

はじめに

いきなりですが問題です。上場して5年で時価総額20倍以上、PER（株価収益率）40倍を達成させた会社があります。さて皆さん、これはどんな会社か、次の3つの選択肢から当ててみてください。

①渋谷に本社があるＩＴ企業
②名古屋に本社がある総合商社
③熊本県に本社がある地方工務店

こんな問題を出すくらいだから③と答えるあまのじゃく以外のほとんどの方は①と答えるのではないでしょうか。さっそく答えをいいます。ずばり③です。「いやいや、そんなわけないだろう、地方でしかも工務店でそんな株価が上がるなんて考えられない。地方なんてもうオワコンじゃん」こんな声が聞こえてきそうです。まあ確かに地方の中小企業をとりまく経営環境は急速に悪化していますし、特に人手不足の問題は深刻です。営業を続けたくても人がいなくて廃業せざるを得ないという会社も増え続けています。しかしながら、この工務店は九州エリアに本社のある新卒就職企業人気ランキング（マイナビ日経2023年度版）で「不動産・建設」部門（専業として）で堂々の1位、総合でも17位と大手優良企業にも引けを取りません。その結果2022年新卒採用では73人を採用するという驚くような結果を残したのです。本当にまったくもって不思議であり、まさに奇跡の工務店といえるのではないかと思います。ではなぜそのような奇跡を起こすことができたのでしょうか。

申し遅れました。私は、熊本県に本社を置き九州と関東を中心に住宅ビジネスを展開しているその奇跡の工務店の社長です。25歳頃までは弁護士を目指して大学院で法律を学んでいたのですが、創業者だった父の死をきっかけに在学中の1999年に後を継ぎ、住宅業界に足を踏み入れました。そこで感じたのは、住宅業界がいかに旧態依然とした従来型産業であるかということだったのです。

飛び込み訪問や無作為に架電するなど、昭和初期から時が止まったような、今ではブラック企業といわれるような営業が当たり前に行われており、設計や仕様によって見積り金額が変わるわけではなく、坪あたりいくらというどんぶり勘定の見積もりを提示しているなど、びっくりするほどアナログな経営でした。最初は「なんて時代遅れなんだろう」と驚きましたが、旧態依然としているということは裏を返せばそれだけイノベーションを起こすチャンスがそこら中にあるということです。時代遅れのこの業界に革命を起こし、まったく新しい工務店をつくると決意した私は、そこから約20年にわたり、カテゴリー別住宅サイトの制作運営、YouTubeチャンネルの開設、有名ブランドとのコラボレーション住宅の建築、ＡＩ（人工知能）によるプラン提案サービス「マイホームロボ」の提供、３Ｄプリンター住宅の開発などを行ってきました。さまざまなアイデアを形にしてそれを即事業化することで、数々のイノベーションを起こすことができたのです。

その結果事業は急成長を遂げ、売上は社長就任当初の1億円程度から現在（２０２２年6月期）では１３７億円にまで拡大。社員数もたった４人から３３１人にまで増えました。

そしてついには東証マザーズ（現東証グロース）上場を果たし、時価総額も一気に20倍以上に拡大。一躍脚光を浴びることになったのです。

ほかにも、経済産業省から「ダイバーシティ経営企業100選」に選ばれたり、優れた起業家を表彰する「EYアントレプレナー・オブ・ザ・イヤー2021ジャパン」の九州地区代表にも選出されたりしました。私の会社はもはや、どこにでもあるような地方の小さな工務店ではありません。時代遅れの住宅業界に颯爽と登場した、まったく新しいハウステックカンパニー（住宅テクノロジー企業）なのです。

この本は、私が父から受け継いだ小さな地方工務店を、いかにしてPER40倍の東証上場の最先端企業に生まれ変わらせたのか、その取り組みをまとめたものです。従来型産業でいかにしてイノベーションを起こすか、日々悩み奮闘している多くの経営者の皆さんのヒントになれば幸いです。

目次

はじめに —— 2

序章
停滞するイノベーション
なぜ日本は世界から後れをとるのか？

第1章
住宅業界に革命を起こす
地方の工務店がＰＥＲ40倍の企業にまで成長できた理由

熊本の小さな市にある工務店 —— 24
父の闘病生活 —— 29
父の葬式で後継ぎ宣言 —— 34
企業理念をつくることから —— 38
前途多難 —— 46
モデルハウス集客からの脱却 —— 53

難解な設計図からCG、さらにVRへ 59
確認のためのリアルな住宅も用意 63
協力会社を選び直す 67
フォード社のT型モデルを参考に生産工程を改革する 69
新卒採用で新たなエネルギーを得る 73
モチベーション経営で最強の組織をつくる 79
全社員に毎年株式を付与 84

第2章
家ではなく暮らしを売る
業界の常識を疑うことで見えた新たな価値

住宅業界の常識を覆したインターネット集客 90
専門サイトで接点を拡げる 93
YouTubeで先行し住宅メーカーでNo.1に 99
独自のメディアで役立つ住宅知識を提供 111

第3章

旧態依然とした業界だからこそイノベーションのチャンスあり

斬新なアイデアを圧倒的なスピードで事業化する

iPhoneのような家をつくらなければ ―― 118
Lib Workに社名を変更 ―― 120
株式上場への道 ―― 124
いざ、東証上場 ―― 136
オープンイノベーションを積極的に展開 ―― 144
ショッピングモールに展示という新たな手法に挑戦 ―― 152
第2弾のコラボはAfternoon Teaと ―― 156
地方の工務店でも手掛けられるように ―― 162
住宅のネット通販、広がり続けるコラボ企画 ―― 165

第4章

住宅×テクノロジーで未来を創る
サブスクモデル、カーボンニュートラル、3Dプリンターへの挑戦

目指したのは住宅プランのGoogle化 170
顧客志向に徹し、自ら伝統の破壊者になる 176
カーボンニュートラルへの取り組み 178
3Dプリンターで家をつくる 184
イノベーションの方程式とは 189

第5章

革新的な経営戦略で住宅業界のプラットフォーマーを目指す
―イノベーションを起こし続ける企業へ―

常に変革を続けていく組織であるために 196
世界中に感動を与えるものとは 201
顧客を選ばず、その夢を実現すること 203

大きくなった組織をいかに掌握し続けるか――205
すべてをナレッジとして共有する――209
ダイバーシティ経営で組織の活力を上げる――212
デジタルの活用で全社員と向き合う――218
7つのバリューを大切にする――221
すべてに公平性を貫く――227
何事もオープンにする――230
勤勉であること――232
格好はつけなくていい――234
ポジティブであり、謙虚であれ――235
もう一つの事業承継――238
暮らしのプラットフォーマーへ――246

おわりに――250

序 章

停滞する
イノベーション

なぜ日本は
世界から後れをとるのか？

Lib Work本社

「えっ、卒業したら工務店を継ぐとね？　もったいなかね」

地元の国立大学で大学院まで法律を学んでいた私は、友人・知人から口々にこう言われました。社長とはいえ社員数はたった4人、コンビニまで歩いて30分もかかるような、見渡す限り山と田んぼの風景が広がる場所にある会社ですから、そう言われるのも無理はありません。

「それは大変かね。頑張ってね」と言う友人の顔には、どこか残念さがにじみ出ていました。地元の国立大学を出て県庁に入るか第一地銀に入ること、それが地方においての成功で、ＩＴ会社の社長ならともかく、従来型産業の権化のような工務店の社長になることは、いわば都落ちを意味していました。このような感じですから、そりゃ地方で家業を継ぐ人が少なくなるはずですよね。

では地方や従来型産業に未来はないのかというと、答えはＮＯです。そして、それを解くカギは何？　それはイノベーションなのです。イノベーションは地方の課題や世襲問題を解決する大きな手段であると思います。しかし現状日本においてイノベーションを起こせているかというと、そうなっていないように感じられます。

「デジタル革命が進むなか、世界はメガプラットフォーマーなど圧倒的な規模とスピードでイノベーションを創出している。しかし日本は、大きなイノベーションを起こせず、スタートアップ、オープンイノベーション等も低調にとどまっている」――こう指摘したのは２０１９年に出された経済産業省の諮問機関「産業構造審議会」のレポートでした（「パラダイムシフトを見据えたイノベーションメカニズムへ。多様化と融合への挑戦」）。残念ながら、それから４年を経た今の日本にも同じ指摘が当てはまります。

今から40年以上前の1979年にソニーが発売したウォークマンは、カセットテープレコーダーから録音機能とスピーカーを外すという常識を覆すチャレンジをした商品でした。しかも製品の小型化を果たし、音楽を持ち歩くというまったく新しいライフスタイルを提案して、世界にイノベーションを起こしました。その当時私も欲しくて欲しくて仕方がありませんでした。結局お金がなく買えませんでしたが……。私がウォークマンに憧れた理由は、街を歩きながら音楽を聴きたかったからではありません。ウォークマンを身に着けて風を切って歩く姿がかっこいいからなのです。しかし、それから現在まで日本からどんなイノベーションが発信されたかといえば疑問をもたざるを得ません。確かにいくつかの技術的な発明はなされたように思います。医療用の内視鏡や、省エネルギー、排気ガス規制といった難題もクリアしたハイブリッド車などは日本が誇る高度な技術の結晶です。しかし、新たなライフスタイルを定着させたものという観点で評価するならば、それらは世界を変えた画期的なイノベーションとまで呼ぶことはできないかもしれません。あくまでも従来技術の延長、高度化であるに過ぎないからです。

インターネットやiPhoneに始まるスマートフォン、Googleの検索機能、さまざまなSNS

ツール、Uber（ウーバー）やAirbnb（エアビーアンドビー）のサービスこそ代表的な21世紀のイノベーションですが、これらはすべてアメリカ生まれです（まあここに挙げた企業が世界で初めてこれらのサービスを開始したのかは別としてですが……）。イノベーションとはよく翻訳で使われている「技術革新」ではなく、今までにない新しいもの（コト）と考えるべきで、日本ではあまりイノベーションが起こってないと私は感じるんですね。

国連の専門機関である世界知的所有権機関（ＷＩＰＯ）が毎年発表している「グローバル・イノベーション・インデックス」を見ても、１位スイス、２位アメリカ、３位イギリスと続き、大きく離れて日本は13位です。アジアでは韓国（6位）、シンガポール（7位）、中国（11位）よりも下位にとどまっています。中国が２０１９年15位にランクインしてからその後も上昇を続け、韓国も２０２０年の10位から大きく躍進していることに比べると、日本の低迷が際立ちます。日本の13位は２０２１年の12位からランクを下げたものであり、ここ数年を見ても12～15位の間を行ったり来たりしています。

世界における特許出願数で日本は世界第３位（２０２１年特許出願数）と、まだまだ高いポジションについています。ということは、日本は技術力では決して引けを取っているわけではなく、別のところに課題があるのです。

このランキングの算出は、各国の競争力に関連する統計データと企業の経営層に対するアンケート調査結果の分析から導かれています。「経済状況」「政府効率性」「ビジネス効率性」「インフラ」を見て総合的に決められるのですが、ビジネスの効率性で日本は51位であり、その小分類の一つである「経営プラクティス（経営習慣・経営実践）」では63位でなんと最下位なのです。日本におけるイノベーションの欠如は私はずばり経営に（もしくは経営者に）問題があると思います。良い商品やサービスのアイデアが浮かんでも少しでもリスクがあれば躊躇してしまう、あるいはあまりにも完璧を求めてしまいスピーディにリリースできず、他社に先行されてしまったなどといったことに、身に覚えのある経営者の方もいらっしゃるのではないでしょうか（ちなみに当社では新型コロナウイルスの感染が拡大し始めて間もない2020年4月1日には、抗ウイルス戸建て商品「sumica〈スミカ〉」という商品をリリースしています）。多少リスクがあっても完璧でなくても、スピードを重視してなるべく早くリリースすることが重要なんですね。しかし日本の経営者はなかなかこれができません。また現在あるものを改善していくことは非常に得意なのですが、世の中にない商品（サービス）を新しく発明することは苦手としています。構想力やビジョン、マーケティング力が世界と比べて見劣りしているように感じるのです。

「確かにそうだなあ、自分も構想力なんてまったくないからイノベーションなんて起こせないや」と絶望された方もいらっしゃるかもしれません。

でも、まったく心配ありません。私も自分自身、構想力なんぞがあるかと聞かれると、まったく自信はありませんが、「イノベーション方程式」を使うことで、今まで数々のイノベーションを起こしてきました。なんと「それ」を使えば簡単にイノベーションが起こせるのです。「じゃあ今すぐそのイノベーション方程式とやらを教えてくれ」というような声が聞こえてきそうですが、それについてはここから私が今までに起こしてきたイノベーションをさかのぼりながら、お伝えしたいと思っています。

「でも自分のところはＩＴなんか全然関係ないし、飲食業なんだよ。そんなの無理だよ」そのように思った方もいらっしゃるかもしれませんね。しかし、そんな従来型産業こそ大チャンスです。なぜなら世界中の天才たちはこれからの分野（ＩＴやＡＩ、バイオ、宇宙など）に進んでいき、従来型産業など見向きもしないからです。そして成熟産業・従来型産業だからこそ逆にイノベーションの余地はたくさん残っています。経験をもった熟練工に依存する業界、古くからこうあるべきだと支配された業界、労働集約型の業界、これらすべて大きな可能性を秘めています。業界の慣習を疑い、ベテラン経験者にしかできないと思い込んでいたものをテクノロジーに置き換えれば、まったく新しい世界が拓けるのです。

例えば、純米大吟醸酒の「獺祭《だっさい》」は、皆さんご存じかと思います。私も大好きです。この本を書きながらついつい思い出して涎が出そうになってしまいます。この名前は日本酒を飲まない人でも知っている人が多く、国内はもちろん海外でも高い人気を博し、2022年の売上は164億円に達しています。フランス料理の巨匠と呼ばれるジョエル・ロブションがその味に惚れ込み、本人からのオファーで2018年、パリ中心街に「ダッサイ・ジョエル・ロブション」というレストランも開店しました。

廃業寸前だったという酒造会社を引き継いだ現会長が、顧客が本当においしいと思う酒を造ることに徹する、そのため最高の品質設計に挑戦することを決断し、従来の杜氏《とうじ》の勘と経験に頼る酒造りを一新しました。精米に始まり蒸米、麹造り、発酵、搾りといった酒造りの全工程をデータ化して数値を高い精度で管理し、搾りには日本で初めて遠心分離機を導入するといったことにもチャレンジしました。これが結実して「獺祭」が生まれ、世界中で売れる大ヒット商品に。そしてベテランの職人に頼らなくても、誰もが究極の純米大吟醸酒を造れるようになったのです。もともと清酒の市場は縮小するばかりで、1973年の177万㎘をピークに年を追って減少し、2020年には41万㎘と3分の1以下に縮小しています（国税庁「酒類課税移出数量」）。まさに清酒市場も、住宅市場と同じように激減していたのです。しかし「獺祭」は縮小一方の市場をものともせず1990年の発売以来、今まで日本酒をたしなまなかった人にも市場を拡げながら売上を伸ばし続けています。

ちなみに獺祭の桜井会長とはEYアントレプレナー選考会で一度お会いしたのですが、数々の改革を実行してきたイメージ（誰も寄せつけがたいカリスマ的）というわけではなく、私なんかにも気さくに話し掛けてくれるような温和ですばらしい方でした。酒造という伝統産業で、しかも市場が大きく縮小する逆風のなかで杜氏による酒造りを脱し、今でいうＤＸ（デジタルトランスフォーメーション）を実践。日本酒を都市の若者や欧米の人々が愛好する新たなお酒として定着させるというイノベーションを実践したのが、獺祭であり旭酒造でした。伝統産業であっただけに逆に革新の余地は大きく、決断次第で思い切ったことを試みることができたため、成功したのです。

伝統産業という意味ではアパレル産業もその代表的な一つですが、同業界では「ユニクロ」のファーストリテイリングが大きなイノベーションを起こしました。「服を変え、常識を変え、世界を変えていく」という企業理念のもと「本当に良い服、今までにない価値を持つ服を創造し、世界中のあらゆる人々に、良い服を着る喜び、幸せ、満足を提供する」ことをモットーとしています。従来アパレル業界は「他人と同じものは身に着けたくないはず」という理由からトレンドを意識し多品種少量生産を行っていました。それをユニクロは自らが生産から販売を行う製造小売り（ＳＰＡ）というビジネスモデルを確立し、ベーシックなものを大量に生産し製造原価を劇的に下げ、まるで服を工業製品のように考えたのです。これが人々に受け入れられ、伝統産業のなかから世界で２兆円を売り上げる巨大な企業を生みました。

古い業態だからイノベーションのチャンスがないのではありません。むしろ、従来の製法や販売方法でもうこれ以上のものはないと誰も疑わない伝統産業にこそイノベーションの可能性が秘められているのです。

私が家業として引き継いだ住宅産業も、まさに成熟した伝統産業です。集客のためにモデルハウスを建て、営業テクニックに長けた（皮肉！）営業マンが接客をし、紙に間取りを描き、受注をいただいたあとは経験や知識があるはずであろう（これも皮肉！）現場監督が一人で現場を監理し家を完成させます。このように住宅ビジネスは何十年も変わっていません。また製造方法に至っては何千年と同じやり方を続けているのです。

しかし、だからこそ大きなイノベーションの可能性があると信じ、私は住宅業界に革命を起こす工務店をつくるべく、これまで20数年にわたりさまざまな取り組みを行ってきました。まず専門家にしか分からないような図面を使った打ち合わせを止め、CG（コンピュータグラフィックス）、その後、VR（ヴァーチャル・リアリティー）を採用しました。家はインターネットで売る時代が来ると思い、どこよりも早く（は少し言い過ぎですが）ホームページを立ち上げ、そしてYouTubeに誰よりも早く力を入れ、企業単独としては異例の登録数5万人、総視聴数2000万回を超える大ヒットチャンネルに育てました。さらに、好きなライフスタイルブランドが似合う家に住みたいという若い人のために、ブランドとコラボした家をデビューさせ、地球環境への負担を少しでも減らすために、建築で出るCO_2の総量を一棟ごとに計算して表示することにしました（カーボンフットプリント）。さらに3Dプリンターハウスにいち早く挑戦するなど、数々のイノベーションを起こしてきています。成熟した伝統産業だからこそできることはたくさんあり、その結果周りからも取り組みを高く評価され、東証上場、住宅企業では異例のPER40倍の企業へと成長させることができたのです。

第 1 章

住宅業界に革命を起こす

地方の工務店がPER40倍の企業にまで成長できた理由

熊本の小さな市にある工務店

「リブワーク本社にはどのようにして行けば一番行きやすいですか？」

最終面接に来る学生の方々からよく言われるフレーズです。

「うーん、電車だと最寄り駅から歩いて2時間ほどかかるし、バスだと会社近くのバス停は数時間に1本しか停まらないんだよね」

こう返答すると、大抵は唖然とされます。そんなところにある私の会社は、熊本県の人口5万人ほどの小さな市（山鹿市）にある個人経営の工務店でした。もともと器用で腕の良い大工だった父親が、親戚が経営していた工務店から喧嘩を理由に飛び出して、1974年に創業したのがリブワークの前身である瀬口工務店なのです。母（現リブワーク常務取締役）に創業当時の気持ちを聞いたのですが「お父さん、よくやった」と思ったそうです（私に似てポジティブです）。独立当時貯金は10万円しかなかったそうですが……。父がつくった会社は、地元の知り合いの紹介を頼りに、リフォームを中心として年に新築を数棟建てるという典型的な地場工務店でした。

私はあるとき、父に「お父さん、なんでもっと会社を大きくせんとね?」と聞いてみたことがあります。それに対して父はこう言いました。

「俺は会社ば大きくせんでよかと。俺の親父、お前のおじいちゃんだけど、ホントみんなからアンタの親父はよか人だったと言われとった。俺もお前がそう言われるように、生きるだけだけん。お前が志をもって何かをするときに、俺が邪魔にならんごつだけしとかんと」

父は会社を大きくする気持ちはなく、顧客との付き合いを大事にしながら、食うに困らない仕事が続いていけばいいと考えていたようです。

父は顧客との付き合いを最も大事にしていた人で、日頃の挨拶はもちろん、とれたての野菜をお裾分けしたり、毎日のようにお客様の家を訪ねてはお酒を飲んだりしていました。

「おかえりなさい」と帰ってきた父に言うと、「おっ、まだ起きとったとかい」とうれしそうに返してきます。毎晩12時過ぎに帰ってきては、「今日はね、こんなよか話があったぞ」

とその日あったさまざまなことを話してくれました。父は毎晩遅くまでいろんな方とお酒を飲みながら情報を得ることで、受注につなげていたのです。

私に後を継がせようという強い気持ちはなかったようで、現場の手伝いにかり出されるといったこともほとんどありませんでした。一方、私自身にも家業を継ぐ意志はなく、毎日顧客のところへ向かう父の背中を見ながら、大変だなあ、体を壊さんといいけどなあと思っていたものです。

「力《ちから》は将来何になりたいとや?」

高校時代、父にそう聞かれ、私は「僕は三国志のなかのこの世界で生きていきたい」と答えました。なんて馬鹿な答えでしょうか。父はそれには笑わず「うーん、それなら政治家にならんとね。あとは経営者かなあ」と答えてくれました。政治家……。考えたこともありませんでした。でもまあとりあえず父の言葉に従って政治家を目指すことにしました。しかし、政治家になんて簡単になれるものではありませんし、当然身内にもいません。どうやったら政治家になれるか調べてみたところ、その当時の国会議員は、官僚または弁護士経由の方が多いことが分かりました。そこで、私は政治家の前にまずは弁護士を目指すことにしたのです。

もう一つ、弁護士を目指す理由がありました。私には、話すことも歩くこともできない脳性小児麻痺の妹がいます。妹は生まれて間もなくひどい黄疸と高熱が出たそうです。明らかに血液不適合型の黄疸でした。現在では輸血や光線療法などで対応することで、黄疸を抑えることになります。

妹が少しずつ大きくなってきてもなかなか話せず、ハイハイもできない様子に不安を覚えた両親が病院に連れて行ったところ、脳性小児麻痺という診断が下されたそうです。妹が脳性小児麻痺だと分かったとき、両親は明らかに出産時の医療過誤だと思って訴訟を起こしました。ところが病院相手の裁判は専門知識が必要で難易度が高く、また病院相手に事を構えるのは避けたいという意識が弁護士のなかに根付いていたようで、そもそも引き受けてくれる弁護士がなかなか見つからなかったのです。両親は手当たり次第に弁護士を調べ、連絡をしては断られるということを繰り返し、ついに引き受けてくれる人を見つけて裁判にこぎ着けたものの、結局苦労の甲斐なく負けてしまいました。敗訴が決まったときの父の怒りと悔しさが混じった表情と母の涙は、今でも私の脳裏に焼き付いています。

引き受けてくれる弁護士がいなかったこと、裁判に負けたことが私は心底悔しく、自分が弁護士になっていつか民事裁判に勝ち、妹の人生を取り戻そうと思ったことがきっかけで司法の道を志しました。しかしながらもう弁護士になったところで時効でしたし、勝訴したからといって妹の病気が治るわけではなかったのですが、このまま泣き寝入りはしたくないという気持ちでいっぱいだったのです。

大学は法学部を選び、そのまま大学院の修士課程に進んで、司法試験合格を目標に勉強を続けていました。ところで司法試験の勉強を続けながらやっていた唯一の趣味が、「ダービースタリオン」という競走馬育成シミュレーションゲームです。自分が馬主となって競走馬を育成するゲームなのですが、当時は強い馬を育てるためのいろいろな理論を、パソコン通信のニフティフォーラム内で発表しては実践するといった感じで、自分の育てた馬を雑誌に載せることを目標に全国の仲間たちと競い合っていました。そしてついに自分の生産馬、白毛の馬「ベイリーワールド」がサラブレという雑誌で優勝することになるのです。このときの経験は、問題解決能力を身につけ結果を出すことで自分に自信をもつという点で、社長になってからも自分を支えてくれています。

父の闘病生活

大学4年生のある日、突然夜中に母親から電話がかかってきました。「お父さんが……」と泣きながら話すのでよく聞き取れません。「お父さんがどうしたとね?」と私が聞くと、母から返ってきたのは衝撃的な言葉でした。

「お父さんががんになったとよ。かなり進んでいるみたい」

愕然としました。私にとって父とは絶対そこにいるものであり、存在しているものです。いやいや絶対大丈夫だ、父が死ぬはずなんかない、そう自分に言い聞かせました。

父はその後すぐに入院し大腸がんを切除、入院中には細菌が入り込み高熱が続きましたがどうにか回復し、無事に退院することができたのです。

私はホッと胸を撫でおろし、弁護士の道に進むべく大学院法学研究科に進学することにしました。しかしホッとしたのも束の間、大学院に入学した半年後に再び父にがんが見つかります。大腸から肝臓へがんが転移していたのです。それも今度は手術できないくらいに大きいとのこと……。ショックでした。

どうにか治す手段はないかと、私はそのときお世話になっていた指導教官の石田先生に相談しました。すると石田先生は、同じ大学の大学病院に肝臓がんの権威がいらっしゃり、もし必要なら紹介してくれると言うのです。一筋の光明を見出した私は、すぐに病院に向かい、事の経緯を話し、手術できるかどうか相談しました。

「先生、どうでしょうか?」

そして少しの沈黙のあと、「手術をやってみましょう」そう先生が答えてくれました。

「よしっ」希望が湧いてきました。ただ、やはり難しい手術になることは間違いなく最後は父自身の生きる力に頼ることになるとのことでした。

そこでどうすれば生きる希望が湧くだろうかと考えた私は、父に「お父さん、僕、お父さんの会社の後を継ぐばい」と告げたのです。大喜びすると思っていたのですが、予想に反して反応は薄く、「そうか、大変だぞ」そう一言だけつぶやきました。たぶんこのような反応をすることで、後を継ぐことの厳しさを伝えたかったのでしょう。

実はこれには後日談があります。父が亡くなったあと、父がゴルフの帰りによく立ち寄っていた山鹿のお寿司屋「亀寿司」に訪れたときのことです。同級生で大将の荒木くんが「力くん、お父さんがね、『息子が会社の後を継ぐことになったとたい』ってものすごくうれしそうに話していたよ」と話してくれ、それを聞いたとき、思わず涙が出てしまいました。


父が長い闘病に入ると決まったとき、復帰までのつなぎ役として私は父の会社の専務に就任しました。当時はまだ、右も左も分からない学生です。ときどき建設中の現場を見に行ったり、外部の一級建築士に同行して営業活動を行ったりしていましたが、本格的に会社の経営や事業を担ったわけではありません。両親を心配させないように、また大きな問題が起きないように、できる範囲で会社に関わったという程度です。私の行動の中心は相変わらず大学にあり、父の闘病中も大学院の修士課程に進んで法律の勉強を続けていました。

「お父さん、今日の調子はどぎゃんね」

入院中私は母と叔母と分担して、毎日誰かが泊まり込みでベッドの傍らに寄り添い、看病にあたっていました。

「うん、まあまあたい。力も風邪ばひかんごつ無理せんようにね」

父は私を常に気遣ってくれ、そんな父と私は病院で一生分の話をしました。父親とその息子が顔を突き合わせて長く話をするなどということは、普通の家庭ではなかなかないことだと思います。私の場合も、父ががんで長期間の入院をしなければそうした機会はなかったのですが、その点では普通の家庭で経験できない貴重な時間を過ごすことができました。なぜ大工になったのか、これまでやってきてどう思っているのかといった心のなかをのぞくような話題もありました。そのとき、父は本当に建築の仕事が好きなのだということを知ったのです。

父は、「こぎゃん良い仕事はなかばい。良い仕事をすればみんな喜んでくれる。俺はお客様の夢を叶える仕事ばしよるんだけん」と、晴れの日も雨の日も繰り返し語っていました。母が「でもクレームがあることもあるし、ストレスもかかるし、大変でしょうが」と言うと、「いやいやそんなことはなか。なんでも仕事は大変と。愚痴ば言う人はどんな仕事をしても愚痴ば言うと」そう父は答えていました。

父は入院中も仕事のことが頭を離れなかったようで、体調が良いときは図面を見ながら工事の進行を思い浮かべ、私に向かって「ここはこうしたがよかばい」といった具合に設計を変更したりしていました。家の設計のことを考える父はとにかく楽しそうでしたが、詳しい病状は話していなかったので本当は病気のことが気になって仕方がなかったと思います。けれども不安になって病気のことを調べたりすることもなく、いつも頭のなかは仕事のことでいっぱいのようでした。そしてお客様の家のことが気になるのか「あそこはどうなっているかな？」「無事に上棟できたね？」と、何度も聞いてきました。元気であれば思い立ったときにあちこち見て回ったりできたのでしょうが、病床ではそれはできないこともあり、もどかしかったのではないかと思います。

また「退院したら事務所をカフェのようにしたかね」「いずれはＣＧで完成図を見せる時代に必ずなってくるから、大画面のモニターを用意してお客様と一緒に図面を見ながら打ち合わせしたかあ」といった将来の夢も語っていました。当時父はまだ50代半ばでしたから、やりたいこともたくさんあったと思います。

「自宅に戻りたかね」

ある日、衰弱しきった父がそう言いました。正月に一度戻ることにすると、私は驚くような光景に目を奪われたのです。

「お父さん、桜の咲いとるばい！」

庭にある桜の木には、季節外れの桜の花が咲いており、「きれいかあ」と言った父の頬には、一筋の涙がつたっていました。そしてその年の2月、父は亡くなりました。父が息を引き取るとき、そっとその耳元で「僕と一緒に今からは生きていこう」とつぶやくと、父は頷くことはありませんでしたが、何かその表情は微笑んでいたように感じました。

今後については何も考えたくありませんでした。私は大きな喪失感に包まれていたのです。

父の葬式で後継ぎ宣言

「そうだ、葬式が終わったら1カ月旅に出よう」

１９９９年２月３日、この日は朝から雪が深々と降り、九州には似つかわしくない雪景色が辺り一面に広がっていました。「瀬口くん、気持ちばしっかりね」と父の葬儀に駆けつけてくれた友人は白い息を吐きながら私に声を掛けてくれました。「遠くからわざわざごめんね」そう言うそばから、次から次へと参列者の車が葬儀場の駐車場に入ってきて、瞬く間に駐車場がいっぱいになりました。駐車場は車で溢れかえり、車は周辺の道路に停めざるを得ない状況になるほどで、「うわあ、多かねえ」と誰かがつぶやきました。

参列してくれた方のほとんどはお世話になったお客様で、私や家族に歩み寄り口々に「正行さんにはお世話になったばい。ホント早過ぎるばい。悔しかあ」「よか家ば建ててもらって感謝しとるったい」「次はね、息子の家ば頼もうと思っとったとよ」といった言葉を掛けてくれました。このような言葉を聞きながら、父はなんて幸せものなんだと思い、以前父が私に言った「こんなに良い仕事はない」という言葉の意味が、少し分かった気がしました。

ちなみに地元山鹿市では、８月に山鹿灯籠祭りという全国でも有名なお祭りがあります。その前夜祭で花火が上がるのですが、父が亡くなった年、今までの感謝を込めて、初めて私も花火を打ち上げました。

「今まで父がたいへんお世話になりました。これからも瀬口工務店はお客様のために、今まで同様しっかりと頑張ってまいります」

アナウンスが終わると大きな花火が夜空に打ち上がり、大きな歓声とともに父の笑顔が夜空に浮かんだのでした。


「父の後を継いで、僕が瀬口工務店を守ります！」

何をとち狂ったのか、私は突然、喪主としての最後のお礼の挨拶で思わず口走ってしまいました。自分でも「何言ってんだろう」「まだこれからのことは決めてなかったんじゃないのか」まったく予定外の言葉でした。でももうあと戻りはできません。「喪主挨拶」は「社長就任挨拶」に変わり、その瞬間私は「社長」になったのです。

「ああ、これで旅に出れなくなったなあ」

しかしそれからが大変でした。その葬式のあと、ある議員の方にお会いしたとき「瀬口くん、君はまだ若い。しっかり社員さんや大工さんたちの言うことを聞かんといかんぞ」と言われたのです。若かった私は「私が社長です。大工さんたちが私の言うことを聞かんといかんでしょう」と言い返し、仏頂面になった表情の議員さんにギロッと睨みつけられました。今思えば「そうですね」って言っておけばよかったのに……。

しかしそのときの思いは今も変わりませんし、大学院の2年生でよく言い返したなと思います。私は誰よりも近くで父を見て、誰よりも考えを聞き、誰よりも理解していました。父も同じ意見だったと思います。「社長はお客様の代理人であるべし」というのが、父の考えでした。とすれば私が社員や大工さんの意見を尊重し過ぎると、お客様がないがしろになってしまいます。それだけは避けたかったのです。ただ、少し言い過ぎでしたね。

またあるときは親類の方が自宅に来られて「力ではまだ若いけん難しかろう。俺が社長にしばらくはなっとってやろうか」と言い出し、私は怒りのあまり殴ってしまおうかと思いました。誰なんだあなたは、心のなかでそう思いました。父と母で頑張ってここまで育ててきた会社だ、僕以外に分かるもんか。社長は自分以外に考えられず、唯一あるとすれば現常務である母だったと思います。しかし母は「私には無理だけん」「力がせんならやめる」と言っていました。

そうして私は大学院在学中の1999年、正式に専務取締役から代表取締役社長に就任しました。社員数たった4人の会社の社長になったのです。

社員といってもベテランの営業マンがいたわけでもありません。会社にいたのは父が雇い入れた見習大工の斎藤くん、私が父の入院後に引っ張ってきた中学高校の同級生で設計事務所にいた福山くん、CGが得意な専門学校新卒の宮崎くん、そして経理事務員の津山さんです。役員には叔父と母が名を連ねる、典型的な地方の小さな同族会社でした。

企業理念をつくることから

さて社長になったけれども何からしようか。経営の経験も建築の経験もなかった私は、とにかく経営の本を読み漁りました。そこに書かれていたのは、まず企業理念をつくるということです。今ならさしずめMVV（ミッション・ビジョン・バリュー）でしょうか。

そこで私は企業理念をつくることに取り掛かることにしました。さてどのようなものをつくろう。どうせつくるなら何百年経っても色あせない普遍的なものにしなくっちゃ。そして創業者である父の思いをこのなかに詰め込んでやる。そんな意気込みでつくり始めました。

よく、理念なんて必要ないし、理念だけあっても利益は出ないと言う経営者の方がいますが、はっきりいいます。そのとおりです。理念なんかなくても利益は出るし、理念なんか必要ない会社はたくさんあります。それは否定しません。なぜなら、それは社長自身が理念になっているからです。社員数が多くない会社、身内だけでやっている会社、そんな会社であれば、理念は必要ないかもしれません。理念がなくてもそのような会社であれば日々の判断は社長の行動や決断に依存するため、社長が理念の機能を果たし進んでいくのです。

しかし私は経営者になる以上、そして弁護士という道を断って社長になる以上、少なくとも自分が納得できるような会社にすることが目標でした。もっというならば、上場企業にすることを最初から目指していました。これが自分を納得させる唯一の道だったのです。もし私が建築を大学で学び当初から家業を継ぐことを予定していたならば、企業理念づくりから入ることはなかったでしょう。設計をどうするだとか、より強い工法はないかとか、もっと細かいところから入っていったのではないでしょうか。しかし私はどんな家づくりをするか以前に、なんのためにこの会社は社会に存在するのかといったことをはっきりさせる必要があったのです。

足掛け2年にわたって病院で父を看病しながら話したことや、元気な頃の父の仕事ぶり、社員に語っていたことなどを一つひとつ思い出し、母にも尋ねてその断片をノートに書き出していきました。そして改めてノートを読み返し、父が考えていたことや目指していたと思われることを箇条書きにして整理しながら、約1カ月間、企業理念を考え続けました。そして完成したものが「顧客を第一として考え、世界中に感動を与えるものを発信し、顧客の夢の実現に貢献する」というものです。これはもう25年も前につくったもので、今でも本社の中心に飾っています。我ながら四半世紀経った今でもまったく色あせていないと感じます。それどころか、ますますこの理念に近づく形で会社が成長しています。

この理念を見て、気づくことはありませんか？　そうです。住宅事業を行いながら一つも「家」や「住まい」「住宅」などの単語が含まれていません。普通なら「住まいを通じて快適な暮らしをお届けする」や「価値ある家を提供する」などの理念になるでしょう。その点、住宅会社の理念とは思えないですよね。

しかし、父が住宅を建てながら心の底で信じていた自分の仕事の価値や誇りは、性能の良さでも心地の良さでもなく、常に顧客を第一に考え、感動と夢を届けるということでした。もちろん最終的には家や住まいを通して価値を提供していくのですが、あくまでそれは顧客の感動や夢の実現の手段なのです。

「僕が後を継ぎます」と、その場の勢いで宣言はしたものの、経営はおろか社会人としての経験も皆無の私が、小さいとはいえ会社の経営を本当に担っていけるのか少なからず不安があったのは確かです。でも、入院中の父との会話を思い出しながらこの企業理念に辿り着いたとき、まるで父がそばにいて一緒に経営にあたってくれているような安心感を得ることができたのです。常にこの理念に沿って行動していけば、父の思いを受け継いだ会社になる。この実現に資することなら、仮に父がやっていなかったことでも思い切って挑戦できる。「よかよか、力がやりたいようにやんなっせ」と父の声が聞こえてくるようでした。理念を定めたことで、素人の私であっても堂々と父が始めた住宅会社を同じ思いで引き継いでいけるという自信をもつことができたのです。

読者の皆さんのなかには、私と同様にそれまでは考えていなかったけれども、家族の事情などで急に社長に就任することになったという人も少なくないのではないでしょうか。「ほかにやりたいことがあったのになあ」「あんまし気は乗らないけど成り行き上、仕方がない」と受け止める人もいるでしょう。特に働き手を集めるのに苦労しているような伝統産業や、売上の低迷が続いている商店などではなかなか前向きになれないのではないかと思います。しかし、理念から見直せば必ず進むべき方向が見えてきます。「うちに理念なんかないよ」と言われるかもしれませんが、その会社、その店に明文化されたものはなくても、お客様がいる限りなんらかの評価があり、そこにしかない提供価値があるはずなんですよね。「でもさあ、うちは近所の人が来てくれているだけなんだよ」と言うのであれば、じゃあなぜ近所の方は来てくれているのか、Amazonではなくなぜ自社を選んでくれているのか、必ず答えがあるはずです。知り合いだから、立ち寄りやすいから、それだって強みの一つです。それらをつかみ出してブラッシュアップしていけば、それが強みになり競争にも勝てる強い会社になっていけるでしょう。

例えばもう街の書店は生き残れないなどといわれていますよね。そして実際、書店は減る一方です。しかし、これだけAmazonで簡単に購入でき、翌日には家に届くような世の中になっても、書店を訪ねる人がいっさいいなくなることはありません。実際に私も書店に行くのは大好きです。それは予想しなかった本との出会いを、それを探す時間を含めて楽しみたいという人がいつの時代も存在するからです。そうであれば、未知の本と出会う楽しみを提供する、探す時間さえも楽しくなるということを理念に、それを期待する人にふさわしい空間と時間がどういうものかを考え、店構えを考案していけばよいのではないでしょうか。

数は減ったかもしれませんが、今も来てくれる顧客の行動からなぜ来てくれているのかや、お客様が本質的に求めているのはなんなのか徹底的に考え、それを提供するために知恵を絞る――。業界や業種を問わず、そこに2代目社長のチャンスがあると思います。改めて理念を探り、理念を言語化して明示することが自分自身の経営の道を拓くことにつながるのです。

私は父がやりたかったこと、大切にしてきたことを、会社の理念を考えるなかで改めて言葉にすることができました。私は父のようにお客様とお酒を飲むことも、旬の野菜を手土産に家を訪ねることもほとんどありません。しかし、やり方は違っても、この理念に忠実であれば、目指すものは先代と同じだと思っています。

例えば「モーニング娘。」は、歌って踊れるをコンセプトに長い間活躍しているアイドルグループです。ちょうど私が会社の理念を考えている頃に、このモーニング娘。が一気に世の中にブレイクしました。そのとき実は、私は彼女たちの活躍がビジネスに大いにヒントになると感じていました。なぜならこの人気には大きな特徴があったからです。

このグループの特徴は、人がどんどん入れ替わることです。そして、人がどれだけ入れ替わってもファンはずっと応援し続けます。それは個々人ではなく、このグループがもっている理念やコンセプトが支持されているからです。彼女たちのなかには、オーディションで負け組だった経験をもった子たちも多くいました。それでもくじけず芸能界で活躍する夢を実現させ、一生懸命歌い踊って華やかなステージを見せている、その姿にファンは惹かれます。だから人が入れ替わっても応援し続けるのです。「私たちはくじけない。

オーディエンスに元気な笑顔と勇気を届けるために頑張り続ける」という理念やコンセプトが支持されているわけです。そしてこのモデルはその後爆発的に人気を勝ち得るＡＫＢ48にも適用されることになりました。

私のやりたいことも、父のように1棟、また1棟と住宅を建てていくという戸建て住宅事業だけに収まらず、時代の流れに合わせて事業の中身はどんどん変わっていってもいい、この「顧客第一主義」「世界中に感動を発信」「顧客の夢の実現への貢献」という理念さえ貫くことができるならばと考えました。なぜならお客様が本当に欲しい価値とは、良い戸建住宅そのもののことではなく、良い住まいや暮らしを通じて家族の幸せを実現したいという願いだからです。とすれば、理念を住宅建築に限定する必要はなく、もっと広く本質的な価値提供にまで広げる必要があったのでした。そしてそのことは、決して父が目指していた方向性と異なることはなく、お客様の支持を得ることになり、もっと事業を大きく、そしてもっとお客様を満足させることにつながると確信していたのです。

前途多難

ようやく企業理念を定めたあと、私にはするべきことがありました。それは、父に仕えてきた棟梁たちに会うことです。当社が小さいながらもなぜ生き延びられてきたのか、それは父が育ててきたすばらしい腕をもった棟梁たちの存在があったからなのです。彼らにはどうしても理念や私の考えを理解してもらうことが必要でした。

読者の皆さんの会社にも、すばらしい技術をもった古株の社員さんがいるのではないでしょうか。もしかすると若社長より発言権がある方もいるかもしれません。そのような人をどのようにして味方につけるかが、事業承継の大きなポイントだったりします。

私は父の仏壇が備えてある30畳ほどの大広間にみんなを集めました。この場所は父と棟梁たちがよく一緒にお酒を酌み交わしていた場所だったのです。「さあ、2代目はどぎゃん人物なんだろか」「俺たちはそう簡単にはいかんぞ」そんな雰囲気で見つめる視線の先に私がいました。それはさしずめ織田信長の亡きあと、跡継ぎを決める清須会議のようでした。

私は張り詰めた空気のなか、「皆さんお集まりいただきありがとうございます。僕が社長の瀬口 力です」と挨拶し、父への感謝、そして理念や今後の方針などを話しました。さらに現場の安全管理や掃除をしっかりやるように伝えていたそのときです。

「力社長、もう分かったけん。それよりたい、現場に来なっせ。俺が仕事ば教えてやるけん。毎日来んといかんよ」

なんと、古株である棟梁の一人が私の話を遮りこのように言うではありませんか。その目は「25歳の小僧に何ができる。まずは修業してからものを言え」と言っているように見えました。普通なら「そうですね。現場に行きますのでいろいろと教えてください。よろしくお願いいたします」と頭を下げるかもしれません。しかし、私は違いました。

「僕は現場で教えてもらうつもりはありません。僕が求めるレベルの仕事をプロとしてキッチリやってください。僕は大工の仕事を覚えるつもりもありません」

私は棟梁たちの目をしっかりと見据えながらこう言ったのです。みるみるうちに棟梁たちの顔色が変わっていくのが分かりましたし、明らかに彼らは不満そうでした。まあそれは当然でしょう。25そこらの学生社長に何が分かるのか、俺たちが瀬口工務店を支えてきたんだという気持ちだったに違いありません。しかし、私としても譲るわけにはいかなかったのです。ここで譲ってしまえば絶対にお客様の要望を大工さんたちに言えなくなってしまう、そうなると顧客第一ではなくなってしまうではないか、と思ったのです。そして、ここで社長である私が間違ってもいないのに信念を曲げて頭を下げてしまったら、その瞬間から一生大工さんたちには頭が上がらなかったでしょう。どうしてもそれは避けたかったことでした。しかしながら一歩間違うと棟梁たちはみんな辞めてしまい、おそらく倒産してしまうことも分かっていたので、これは一つの賭けでした。とはいえ今振り返ると、よく社長になったばかりでこんなこと言えたなあと思いますね。我ながら、よくぞ言った！

さて、不満がありありの棟梁たちの気持ちを抑えるべく、私はすぐに行動に移しました。

「松尾棟梁、少しだけうちに寄っていただいてもいいですか？」

松尾棟梁は父が大工のなかで最も信頼していた棟梁でした。まずは松尾棟梁に自分の考えを理解してもらうのが一番だと考えた私は、松尾棟梁一人だけを呼び出したのです。

自宅の和室に棟梁を通し、「松尾棟梁、今日の僕の話は納得しとらんど?・」「力社長、現場が大事じゃなかとね? 納得できんばい」というような会話を交わしたあと、私は今後のビジョンについて話しました。

「松尾さん、僕はね、瀬口工務店をどこの誰よりもお客様を重視する会社にしたいとです。僕が現場に出てお客様の要望の難しさを理解し過ぎると、お客様の要望を大工さんたちに言えなくなってしまうじゃなかですか? それに僕が今から大工の仕事を覚えたところで皆さんには到底追いつけない。それより棟梁たちが苦手な営業に特化したほうがいいでしょうが。現場の話の分かる社長と、仕事を取ってきてくれる社長はどっちがよかですか? 僕の仕事は皆さんが生活に困らんごつ仕事を取ってくるのが一番だと思っているんです。

松尾棟梁、父はもともと大工で、大工さんたちをリスペクトしとった。それは僕も同じ気持ちです。僕は家を建てることができん。だけん棟梁たちにそこはお願いせんといかんとです。けれども棟梁たちは営業することはできん。僕は死に物狂いで仕事を受注し、一生、松尾棟梁の生活ば守っていきます。僕たちは車の両輪じゃなかですか」

松尾棟梁は静かに目を閉じると、ふぅ、とため息をつきました。私は、「松尾さん、僕は子どもと同じくらい歳は下だけど、僕は松尾さんの親父と思っています。でもどうしても納得いかんと思うなら、今すぐ辞めてもらいます」と真剣な表情で伝えました。すると松尾棟梁は「社長、分かりました。今から社長を先代の社長と思ってついていきます」と言って深くお辞儀をしてくれたのです。私たちはお互い強く握手をしました。そして、松尾棟梁はその後何十年も当社の棟梁として活躍され、会うたびに「社長、何も心配せんでよか。俺がちゃんと見ていくけんね」と力強く請け合ってくれました。

私はリーダーであった松尾棟梁を味方につけると、そのあとも一人ひとり同じように忠誠を誓うか、辞めるかを迫り、すべての棟梁がついてきてくれることになりました。こうしてどうにか倒産を免れることができたのです。

さらに、私が幼稚園の頃に弟子として働いていた吉本棟梁（スピードと腕はピカイチ）と堤棟梁（丁寧さと優しさはピカイチ）が戻ってきてくれることになったのです。この2

人は現在棟梁として現場を任せているだけでなく、若手社員大工の指導教官としても活躍しています。

さてこれでようやく施工体制が整いました。さあ、今度は私が受注する番です。

よく私は事業承継について「現場経験を通して下積みからやらせたほうがいいでしょうか?」と質問されます。これは事業規模によると思います。例えば社員が何万人もいるような会社であれば下積みから経験してもいいと思います。しかしながら100人以下の規模の会社であれば避けるべきだとアドバイスしています。現場で自分の下で働いていた人が、突然会社の後継者ですと言ったところで、はいそうですか、とはなりません。理屈では理解しても感情が追いつかないのです。それに現場の腕とマネジメント能力とはまったくの別物です。

しかし、世間一般の「現場第一主義」や「息子だからといって特別扱いするのはおかしい」という声に押されて、間違って平社員からスタートさせる経営者の方もいらっしゃいます。この場合、大抵うまくいきません。現場を覚えさせたいのなら、職位を最初から上位の、例えば取締役や部長、社長室長として現場に出すべきです。現場の改善点や効率化など課題を見つけさせ、それを解決するようミッションを与えるのです。そうすれば現場のことを覚えさせることもでき、社長となったあとも現場の人たちをコントロールできるでしょう。その点私は学生のときに専務取締役に就任し形式的には最初からNo．2でした。そのことがスムーズに事業を承継し、結果、業績を急成長させることになったのです。

企業理念をつくり、社長と現場の棟梁との関係も構築され、社長としてはまずまずのスタートを切ることができました。しかし、会社の次の一歩をどう踏み出すのか、仕事を受注してこなければ何も始まりません。

私の地元は、熊本県北部にある人口4万7000人ほどの山鹿市という小さな地方都市のはずれにあります。周囲はなだらかな山に囲まれ、その麓の平坦な土地に田んぼや畑が広がり、住宅が点在しています。私の実家もそのなかの1軒で、歩いて2分くらいのところに会社があります。最寄りの鉄道駅からは車で30分。歩いて30分の範囲にコンビニは1軒もありません。のどかといえばのどか、少し寂しいくらいの町です。都会の人からすれば、田舎そのものです。

こんな場所では会社を成長させることなどできないと、ほとんどの人は諦めてしまうかもしれません。成長したくてもその市場がないわけです。しかし、元来ポジティブな私は逆にこの地だからこそ成長させるチャンスがあると思いました。山鹿という立地は守りやすく攻めやすい。攻めようと思えば熊本市や福岡まで車で1時間ほどであり、大手であれば山鹿というエリアは市場が小さ過ぎて攻めてこないだろう。そう考え、まずは山鹿でシェアNo．1になることを目指しました。そしていずれは上場し、全国展開していくぞ！と、構想だけは非常に大きなものを考えていたのです。

モデルハウス集客からの脱却

私はまず、住宅メーカーの戦略を調べました。それは単純明快で、全国どこでも、都市部でも郊外でも同じです。多くの住宅メーカーが集まる総合住宅展示場と呼ばれるところに、見栄えが良く豪華なモデルハウスを建て（通常建てる家の大きさを遥かに超えています）、テレビＣＭやチラシの新聞折り込み広告などをガンガン打ってお客様を呼び込み、そして待ち構えていた営業マンがモデルハウス内で他社へ行かせまいとじっくりと話をします。その場で時間が取れなければ、来場者アンケートで入手した住所を見て他社よりも早く資料を持って訪問し、さまざまなセールストークで受注契約にまで話を進めていくのです。まあ現在ではこのように強引な営業をする住宅メーカーは減ってきたと思いますが……。

このビジネスモデルには問題がありました。一つはモデルハウスの建設費と運用費がとんでもない額になるということです。集客数が多ければ莫大な費用が掛かったとしてもペイできますが、少しでも集客数が落ちると住宅メーカーに掛かる負担が大きくなり、その結果お客様にも大きな負担がのしかかります。具体的にいうと建設費８０００万円（５年間で償却すると1年あたり１６００万円）、毎月の展示場にかかる出展費用毎月２００万円として年間２４００万円、広告費は別で考えたとしても、年間４０００万円ほどの費用がモデルハウス１棟あたりに掛かるのです。そして毎月の集客が平均20組・成約率７％だとして月約１・４棟受注することになるわけです。そうすると、16棟から17棟くらいが年間の成約数ということになります。とすればそこで成約されたお客様の負担は一棟あたり250万円ほど掛かっている計算になります。非常に大きいですよね。この負担を少しでも減らすことができれば、結局住宅メーカーにもお客様にも大きなメリットがあるわけです。

さらにもう一つ問題がありました。それはモデルハウスがあまりにも現実離れし過ぎていて、お客様の誤解を生みやすいということです。何百万円もする豪華なキッチンやシステムバス、とんでもない広さのリビングにダイニングバーなど、まばゆいばかりの設備と広さに目を奪われます。しかし現実はどうでしょう。ほとんどの方の現実の住まいはモデルハウスよりかなり狭くなり、オプション設備ばかりで着飾っているモデルハウスとのギャップに落ち込むことになってしまいます。

このビジネスモデルはどう考えても顧客第一主義とは思えませんでした。ましてや感動や満足を届けることなんてできっこありません。何か別の集客方法を考える必要がありました。父と同じように知人を頼って紹介をしてもらうといっても、お酒に弱かった私には到底考えられない選択です。ではどうやって集客するか、頭を悩ませる日々が続くことになりました。

実は、私には社長就任前からやってみたいことがありました。私の趣味は競馬ゲームの「ダビスタ」だったのですが、このゲームの攻略法をニフティサーブというパソコン通信のなかで仲間たちとやりとりをしていたのです。世間の人々よりも早くそのような経験をしていた私は、インターネットに馴染みがあったのです。これからはネットの時代が来るかもしれないと考えていました。そしてそれを確信する出来事があったのです。

あるとき、バス旅行の車内で、車中に三遊亭歌之介さんの落語がかかっていました。なんだこの落語家は、面白過ぎる！と思い、そのカセットテープと同じものが欲しいと思って町のレコード屋を何軒も歩いて探しました。けれども全然見つかりません。もう諦めようかと思ったのですが、ふとインターネットはどうだろうかと思い、探してみることにしました。まだ今のように検索システムやECサイトが充実していない時代でしたが、インターネットを使って懸命に探したのです。そうして調べるうちにあるファンサイトを見つけ、そこにメールを送ったところ私の住んでいる街の小さなレコード店に在庫があると分かったのです。まさか地元にあるとは思いもしませんでした。その店はあまりにも小さな店で、私は訪ねてもいませんでした。半信半疑でそこに行くと、確かに欲しかったカセットテープがあって購入することができたのです。

そのとき、これからはインターネットの時代が来る！と改めて感じました。私にとってはたまたま地元の歩いていける場所にある店でしたが、小さなレコード店にある1本のカセットテープを、日本中どこからでも机の上のパソコンで探して購入できるのです。そして、私の会社のような田舎の小さな工務店でも良い住宅をつくっていけば、日本中どこからでも見つけてもらえて日本中から受注が来るようになるに違いない、そう考えたのです。

実際にインターネットで集客ができれば、コストの掛かるモデルハウスをたくさんつくる必要がなくなります。そうすればコストを抑えられ、その分お客様に還元できるのです。よし、インターネット展示場をつくるぞ！と意気込んだ私はすぐにホームページビルダーを購入しました。ホームページのつくり方について本を見ながら勉強し、自らホームページを立ち上げることにしたのです。

実際に２０００年以降、予想を大きく超えるスピードでインターネットが普及し、インターネットを駆使した集客はさらに可能性を高めていきました。総務省がまとめたインターネット利用率（人口あたり）は１９９９年の21・４％から、３年後の２００２年には57・８％と半数を大きく超え、さらに３年後の２００５年には70・８％に達しています。また並行して高速通信回線であるＡＤＳＬや光ファイバーが登場、移動通信の高速化も進み、２００１年には３Ｇ（第３世代の移動通信システム）、２００６年に３・５Ｇ、２０１０年には４Ｇ（第４世代の移動通信システム）が一般化しました。私の新社長としての歩みは、インターネットの急速な普及とともにあったのです。

私が父の後を継いだ１９９９年というのは、Windows98の普及によりようやく一般家庭でもインターネットが使えるようになってきた時期でした。さらにアメリカではＩＴバブルなるものまで起こるほど、世界中がネットの可能性に熱狂していたのです。私は、その頃にはインターネットを活用すれば必ずもっとスムーズに集客できるようになると確信していました。そこで、最初に取り組んだのがホームページの独自ドメインアドレスを取得することでした。当時、日本国内ではまだ珍しかったアドレスの「.com（ドットコム）」がどうしても欲しくなって、自らアメリカの通信会社にわざわざ申請しました。その頃から、経営する会社をいずれIT企業にしたいという夢が私のなかに生まれたのです。

私の会社はホームページの開設をはじめ、さまざまな住宅関連ポータルサイトの開設によるインターネット上の顧客接点の拡大を積極的に進めていきました。さらに、2020年に5Gの導入が始まった時点で、これからのインターネット上の情報は画像から動画に変わると考え、YouTubeにも力を入れることになるのです。

難解な設計図からCG、さらにVRへ

「社長、プランできました。いかがでしょう？」

社長就任からそんなに日が経っていない頃、お客様に提案するプランが出来上がり、それを私がチェックしていたときでした。「これどんな外観イメージになるとね？　あと間取りも線が入っているだけじゃよく分からんよ」そう私が言ったところ、「いや図面って

こういうもんですから」と設計が言い返してきました。建築を学んでない私は、窓や建具の表記でさえもよく分かりません。さらにいうと外観もまったくイメージできませんでした。これではお客様も私と同じようにきっとよく分からないし、完成後に「確かに図面は確認したけどこんな感じになるとは思いもしなかった」と後悔することになるかもしれません。「これはどぎゃんかせんといかんね」と考えた私は、その当時まだたいへん高価な（たぶん数百万はしていた）３ＤＣＡＤを導入しました。その当時投資できる金額の全部をそのソフトにつぎ込んだのです。このソフトはＣＧでイメージを提案することができ、まさに私が求めていたものでした。しかし社内にこれを使える人がいません。すぐに設計士を募集したところ２人の応募があり、１人は一級建築士を保有しているベテランの設計士で、もう１人は専門学校卒の新人でまだ資格も保有していない宮崎くんという青年でした。２人の面接を終え、私は宮崎くんを採用することにしたのです。なぜなら、今後新しいテクノロジーを使うのに、それに抵抗がない若い人材を採用する必要があると考えたからです。これがドンピシャ当たり、宮崎くんは類まれなるセンスを活かし、このＣＡＤを使ってどんどん受注することになるのです。

実際にCGを使ってお客様に説明し始めると、思ったとおりCGを使った提案と打ち合わせは非常に好評でした。あまりに外観パースを気に入って、その提案した外観パースを額に入れてリビングに大事に飾っているというお客様がいるほどでした。

CGを見ながら「こんな家ができるんだ！」と夢を膨らませながら進める打ち合わせは、顧客にとっても私たちにとっても楽しい時間となり、話も弾んでいきます。これまでは難解な平面の設計図面の束をのぞき込みながら、設計側だけが新しい家をイメージできて、顧客はどういった家ができるのかよく分からず、不安を抱いたまま取り残されるような打ち合わせになっていたと思います。これも、私の会社の顧客第一、顧客の感動や夢の実現という理念とは相いれません。

私は社長就任直後から全棟でCGでの提案に切り替え、またその後はテクノロジーの進化も先取りしながら、同じく全棟でVRや動画を駆使した提案を標準でできるようにしています。VRはCGで架空の世界をつくり、現実のように体験することができるもので、専用のゴーグルを顔に装着すれば仮想現実のなかに入り込み、リアルな立体3D空間として体験することができます。お客様が家の中を歩きながら部屋の広さやキッチンの高さまで自分の体感で確かめられるため、以前よりもっとイメージギャップを減らすことに役立っています。このVRの制作ですが、実は新卒1年目の社員でも作成できるんです。CGの技術を長年培っていた当社だからこそできる芸当なのです。大手住宅メーカーでもVRでの提案を標準にしているところはあまりないので、VRの活用は私たちの大きな強みになっています。

そしてプランの提案改善と並んで、私たちが廃止したものがあります。それは「坪単価」の価格表示です。「坪単価」の定義はご存じでしょうか？ 坪単価とは、建築の本体工事費を延べ床面積で割り、1坪あたりいくらかかっているかという目安を示すものとして今も一般的に使われています。

しかし、実は坪単価の算出にあたっての厳密な共通基準があるわけではなく（国交省の資料などを当時調査しましたが）、同じ坪単価という名称でも含まれるものが異なるため単純な横並びの比較はできません。例えばある住宅メーカーは、本来は床面積に入らないところまでカウントして分母を大きくしたり、逆に本来標準的にかかる費用であるにもかかわらずオプション扱いにして工事費から除外し、分子を小さくしたりといった小手先の細工をして坪単価を低く見せています。あるハウスメーカーなどでは「坪単価28万円」などとうたいながら、最終的な見積もりは坪単価50万円以上！　というケースも少なくありません。これでは坪単価は目安にすらなりませんよね。現在の坪単価の表示は実際の価格が分かりにくくなるばかりであり、会社の理念ともそぐわないので使うべきではないと考えて、私の会社では廃止することにしました。これもお客様への分かりやすさや誠実さを第一に置くことで得た結論だったのです。

確認のためのリアルな住宅も用意

住宅の購入はほとんどの人が一生のうちで最も高価な買い物ですよね。どれだけＣＧやＶＲが高い表現力をもっていても、一度は自分の目で実物の家を見たいと思うお客様は当然多くいらっしゃいます。そこで私は実際に建築した家を見てもらえる「住宅モニター制度」という仕組みをつくりました。集客のためということではなく、あくまでもお客様が確認するための制度です。

インターネットやSNSなどでさまざまな情報を得たほうが、実際にどんな住まいなのか、私の会社がどんな家を建てているのかなどの会社選びの参考に、また契約に進む前の最終確認としても活用できます。宣伝用に仮に建てたモデルハウスではなく、実際に何度も打ち合わせを重ねてつくった、いろいろなお客様のアイデアや要望の詰まったリアルな住宅なのです。

「住宅モニター制度」とは、顧客との建築契約のなかに組み込む制度のこと。竣工後引渡し前の住まいを2週間から4週間ほど提供してもらい、モデルハウスとして私の会社が利用し、その対価として私の会社が相応の値引きやキャッシュバックをするという制度です。これから建てられるお客様には、限られた予算のなかで、工夫してつくられたリアルサイズで実際の街並みのなかに建てられた住宅を見てもらうことができます。そして建て主には大きな資金面のメリットもあるので、お客様、建て主、そして私たちにとって三方よしの制度です。

ただ、このモニター制度にも課題がありました。インターネットで問い合わせされたお客様が、実際の住宅を見てみたいとの要望がある場合に、今すぐ都合よく見せられる住宅がない場合があるのです。さらに近くに見せられるモニター住宅がない場合もまた機会損失につながります。

そこでこのモニター制度の応用バージョンとして、自社で販売用の住宅を建設し、一定期間モデルハウスとして活用したあとに建売住宅として割引価格で販売するという手法を考案しました。従来のモニター制度は実際に建てた顧客との契約であるため、例えば隣市など、まだ私たちの会社に建築実績がない地域では使えません。そこで、まず自社で土地を購入して住宅を建て、完成後はモデルハウスとして使い、新規の受注を獲得するために活用するスタイルを考えたのです。受注できれば、次からはその家に住んで通常のモニターになってもらい、周辺の住民にアピールすることができます。

実際、私たちが新たに始めたインターネットでの集客は、多くの顧客に私たちの会社の住宅を知ってもらえるきっかけとなり、隣市・隣県からの問い合わせが次々と届くようになっていました。そこで私たちは、進出を目論む地域でモニター制度の応用バージョンである自社モデルハウスを建設していき、そこに集客しながらその地域での2棟目、3棟目を受注していく形で仕事のエリアをさらに大きく拡げていきました。モデルハウス依存型の集客からインターネット主体の集客への転換が会社の認知度をエリア外に拡大し、モニター制度の応用で受注エリアの拡大につなげることができたのです。

今日では、さらに全国展開に向けてスピードを加速させるため、総合展示場への出展も併用しています。そのきっかけは2016年の熊本地震でした。家を失って少しでも早く実物を確認したいというお客様が溢れ、お客様の声に押されてモデルハウスを出展したのです。ただし、集客のためにモデルハウスをつくるのではなく、あくまでネットで集客したお客様を送客するための場所として設置しているため、お客様が実際に建てることになる仕様と同じものを使用し、広さも実際に建てられる大きさほどのモデルを建築しています。そうすれば実際に建てたときにギャップを感じることなく、いつでもどこでも実際に見て触れて確認することができます。集客のために建てているわけではないため、数多くのモデルハウスを建てる必要がなく、集客コストは以前のまま低く抑えられているのです。

こうして私たちは従来のモデルハウス集客をインターネット集客に置き換え、集客コストやモデルハウスに投じるコストを最小限にする顧客第一の姿勢を徹底することで、高品質でありながら住宅メーカーに比べて価格を大きく抑えた住宅建設が実現できました。しかも私たちはCGなどを駆使することによって、それぞれの顧客の思いとズレのないことを一つひとつ確認しながら、顧客の期待を超える、感動のある住まいとして提供する体制を築いていったのです。

協力会社を選び直す

「社長、なんか評判が悪いばい」

棟梁の一人にそう言われたのは、山鹿市でシェアNo.1になったときくらいのことでした。「えっ、誰から評判が悪いんですか?」棟梁にそう尋ねると、苦笑いでそれには答えませんでした。ただどうやら聞いていくと、私が協力会社を次々と増やしていったため、父親の代にお世話になっていた業者の方の一部に不満があるということだったようです。

確かに父は特定の業者の方とそれはまるで自社の社員であるかのように仲良くしていました。毎日のように飲みに出てはいろんな情報を取得していたのです。それは持ちつ持たれつの関係で、協力業者にコストダウンの要請をすることがない代わりに、お客様の紹介もしていただいていたのです。その状況を前に私は、「これはどぎゃんかせんといかんなあ」と考えました。なぜならお客様にとって「良い業者」とは「安く」て「腕のいい」業者だからです。決して社長と仲のいい業者が良い業者ではないはずです。だから私は一緒に飲みに行くことがあっても決してご馳走にならないことにしたのです。一度でもご馳走になれば借りをつくってしまうことになり、言いたいことが言えなくなってしまう恐れが出てきます。協力業者の数を増やしていけばそこで競争が起こります。同業他社よりも1円でも安く、少しでも質の高い工事を行うようになっていくのです。工事の発注が1社に絞られてしまえば、競争原理は働きません。各業者の請負金額は高値のままで固定され、技術をより磨いて高めようというモチベーションも生まれません。そのしわ寄せは顧客にいき、必ずしも高い技術をもっていない業者に必要以上に高い金額を払ってしまうことになるのです。これも私の会社の理念である顧客本位を逸脱しています。

実際に私が見た範囲でも、そこの社長は気さくでいい人だけれど、現場の技術者の質がどう見てもレベルが低いと思わざるを得ない業者もいました。そしてその点を指摘するとそれを改善しようとする意識は薄く、社長の私に対して機嫌をとったり会食に誘ったりと意味のない反応が繰り返されたのです。こんな会社に工事をお願いしたら、きっといつかお客様から愛想を尽かされるときが来る。そう思い、私は改めて各社から見積もりを取り、今まで付き合いのなかった会社にも声を掛けて、新規の業者にも依頼することにしたのです。

これが「社長、なんか評判が悪いばい」の理由でした。しかし、お客様から評判が良ければ問題ない問題ない、そのように繰り返し自分の心に言い聞かせ、ひたすら顧客第一を貫き改革することにしたのです。心のなかでは業者の方々に申し訳ないとの思いを秘めながら。どちらかというとお客様より業者の方とのほうが付き合いは長いものです。特定の業者さんと仲良く楽しくやっていくほうがどんなに楽でしょうか。うーん、経営者とはなんて孤独でつらいものなのでしょうか。

フォード社のT型モデルを参考に生産工程を改革する

私の会社における新たなビジネスモデルの事業展開は確実に実を結び、地域のお客様から大きな支持を得るようになって受注棟数は確実に増えていきました。そのうえ、熊本地震による需給逼迫により、現場は混乱寸前まで陥っていったのです。これはまずいと思い、私は何か生産性を上げる方法がないか、いろいろと調べました。先代のときは年間で新築5棟前後でしたので仕組みを変える必要もありませんでしたが、受注棟数の増加によって多くの現場を同時に見なければならなくなり、現場監督がある一つの現場を工程管理から安全管理、利益管理、業者管理、品質管理まで全部一人で行う従来のスタイルではとても管理しきれなくなったのです。

そして、もともとこの業界の現場管理手法はとても非効率なやり方でした。

例えばある業者が現場作業の段取りを組むために、現場監督に「この足場、いつ取れますか?」と聞きます。すると現場監督は携帯電話を取り出して足場業者に連絡し「足場の撤去はいつになる?」と聞くのです。足場業者から何日という返事をもらった現場監督はそれを業者に伝えます。

またある業者から「ある資材が届いていないがいつになる?」と聞かれてまた問い合わせをするという具合で、現場監督は携帯電話を片手にひたすら段取りを進めて調整をしていました。これだとただの業者間の調整係ですよね。そして現場の仕事が終わる夕方頃から、社内で発注作業や見積もり作業をやることになるわけです。そのうえ、現場が重なってくると明日はAという現場の基礎工事、次の日はBという現場の引渡し、その次の日はCという現場の大工工事検査などいろいろな現場で同時に工程を管理していかなければならなくなります。すると、現場監督の能力によっては混乱が生じてしまいます。

このように、現場監督一人に依存することで平準的にあらゆる現場が質の高い管理がされるかは疑問であり、むしろ監督の能力に左右されてしまうことになってしまうのです。したがって、本来の品質管理のためのチェック作業がまったくできず、欠陥住宅になる可能性が出てきてしまいます。

そこで、私が参考にしたのはT型フォードの大量生産手法でした。T型フォード以前の車の生産方法は熟練工が一台一台つくっていくというやり方で、まさに家をつくるのと同じやり方で生産していたのです。それをタイヤならタイヤだけを取り付ける、ハンドルならハンドルだけをといった流れ作業で車をつくるやり方に変更したのでした。これは我々の家づくりにも活かされると思い、T型フォードによる生産管理手法を取り入れたのでした。

具体的には、現場監督が所属する工事管理課とは別に工程コスト管理課を本社内につくり、工程や段取りはすべて本社で管理する仕組みをつくりました。現場の状況は写真データでインターネット上の現場管理システムにアップしてもらい、管理課がコンピュータ上の進捗表で管理していくスタイルです。進捗表は、社内はもちろん現場からも端末からすぐに確認できるので、例えば先の例のような「足場がいつ外れるのか」といったことや特定の資材がいつ搬入されるのか、ということも即座に分かります。デジタル環境を整備して活かすことで新たな管理システムをつくることができました。

さらに本社の管理チームについては、基礎チーム、大工工事チーム、仕上げチームと工程ごとに3つに分けて、それぞれのチームがすべての物件を工程ごとに管理していくことにしたのです。これによって各管理業務の専門性が高まって、管理の精度と生産性がさらに上がりました。また一括してコントロールすることで業者を各現場の現場監督で奪い合うというような馬鹿なこともなくなり、現場がスムーズに回るようになったのです。

管理システムの刷新によって現場での手戻りや業者が現場に入る順番を待つという無駄がなくなり、追加費用の発生なども抑えられました。また、現場監督が工事品質の管理という本来の業務に徹することができるようになって、より質の高い建物をつくる体制が整えられました。いずれも顧客にとって大きなメリットを生むものになっていったのです。

新卒採用で新たなエネルギーを得る

新たなビジネスモデルで受注を伸ばし、営業エリアも徐々に拡大していったことで、私の会社は地元トップになり、その隣の市、さらにその隣へと事業を拡大していずれでもトップになりました。私が社長を引き継いで5年が経過する頃には、年間の受注が30棟以上、売上も6億円から7億円くらいの会社に成長していました。社員数も当初の４人から17、18人くらいまで増えていたのです。

一方で、確かに会社の規模は5倍を大きく超えるものになっていたのですが、新たな理念のもとに事業を拡大し、上場会社として大きく成長していきたいという最初の私の思いからは、まだまだ遠いものがありました。次の展開をどうするか、私はそれを考えなければならないと思ったのです。そんなとき、社員のみんなと夕食をともにしていると「社長、山鹿でも一番になったことだしもうそろそろゆっくりするばい！」と、社員の一人が言ってきたのです。私は耳を疑いました。ようやく一歩踏み出したばかりなのに社員はもうゴールだと思っている、みんなの目標がバラバラだということに気がついたのです。

実はそれまで、事業の拡大とともに不足し始めた人員は即戦力としての活躍が期待できる中途採用で補充していました。あくまで経験を重視したため、ビジョンを擦り合わせた採用活動はできていなかったのです。

私は、このままでは会社としての成長が止まってしまうと感じ、強い危機感をもちました。私のビジョンに共感し、一緒に大きな夢に向かって進んでくれる人が欲しい。もっともっと成長しましょうと一緒に考えてくれる人が欲しい……。そうだ、新卒採用を始めよう！　新卒なら私のビジョンをしっかり伝えることができ、共感した人だけが入社するはずだ。そう思った私は、大卒の新人を募集することにしたのです。

とはいえ、多少業績が伸びてきたとはいえ駅から車で30分、歩いて30分の範囲にコンビニエンスストアもないという田んぼの中の小さな工務店にわざわざ来てくれるのか、まったく自信はありませんでした。どうすれば私の会社に関心をもち、魅力を感じてくれるのか確信がもてないまま、とにかく私自らいろいろな大学を回りました。またリクルートの合同説明会にも30万円をお支払いしてブースを出展したのでした。自分の話は響くのだろうか、学生に理解してもらえるのだろうかと思いながら、人気のない当社のブースにやってきた1人や2人しかいない学生に一生懸命話しました。熱く語っていくうちに学生の顔が私の話に引き込まれていくのが見てとれ、手応えを感じました。そうして知名度のない私の会社のブースにだんだんと人が集まり、気づけば人だかりができていたのです。

さてどんな魔法をかけたのでしょう。普通、説明会では事業内容や売上高、社員数や福利厚生などを話すことが多いと思います。また私たちの業界であれば、業界のことや住宅の構造、仕様などを話します。しかし、私はまったくそのような話をしませんでした。

「僕は将来上場したい。上場して1000億円を売り上げる会社をつくるんだ。そして日本一給与の高い会社にする。いずれはうちから100人の社長を輩出するぞ」といったビジョンを学生に語り掛けたのです。そしてこう言いました。

「僕一人では実現できないかもしれない。みんなの力でどうかこのビジョンを叶えてほしい」

こうして初めて取り組んだ新卒採用は、初年度にして8名もの学生が入社してくれ、大成功に終わったのです。そして福利厚生目当てで来ていない学生だけあって、非常に質の高い学生が入社したのでした。

今、中小企業では人手不足が大きな問題になっています。そしてうちになんて大学生が新卒で入社するはずがないと思っておられる経営者も多いのではないでしょうか。私から見ると、中途採用のほうがよっぽど優秀な人材の採用は難しいと思います。

例えば野球であればヤクルトの村上選手（地元熊本出身です！）のようなすごい選手を今から獲得するには相当のお金と待遇が必要となります。けれどもまだ実績がないドラフト時であれば、今よりもずっと費用を掛けずに獲得することができるわけです。つまり、未来の村上選手を、新卒であれば獲得することが可能なのです。将来活躍する学生を社長自らビジョンを語ることで口説き、ぜひ新卒採用にチャレンジしてもらいたいと思います。

また新卒採用を始めるメリットはほかにもあります。自社の強みやビジョンが明確になり、働きやすい環境や働き甲斐のある職場を考える契機になるということです。そうすることは今いる社員のエンゲージメント（会社への忠誠心）を高めることにもなりますし、ひいては会社の成長につながることになります。

「ベンチャーやスタートアップのような会社では新卒よりも経験豊富で即戦力となる中途採用をしなさい」経営コンサルなどはそうアドバイスしそうです。確かにそういう考えもあるでしょう。ただ、なかなか採用できず人員の埋め合わせのために本来であれば採用基準に満たないような人材を採用してしまい、その後結局組織が乱され大変なことになった、ということにもなりかねないのです。逆に私は会社が若いうちに新卒採用を進め、ビジョンを共有した組織をしっかりとつくって固めてから、必要なポジションに中途採用の社員を配置することを考えました。自分のビジョンを貫くためには、それが近道になると思ったからです。

実際に私のビジョンに共感して入ってくれた新卒社員は期待どおりの力強い存在でした。その後会社の中核的な存在となってくれて、私と一緒に企業理念に基づく会社の新たなカルチャーをつくっていく役割を担ってくれました。上田くんや藤川くん、ダブル本田くん（本田くんは２人います）、永野くんなどは初めに採用した社員ですが、今では次長職や課長職などの中核を担う存在として会社を引っ張ってくれています。

また私は、新卒採用は継続性が重要だと考えています。世界的な経済危機となった

2008年9月のリーマンショックや、2011年3月11日の東日本大震災の発生を受け、2009年から2013年は新卒採用を控える大手企業も多く、有効求人倍率が1・0を下回る状況が続きました。しかし、私の会社は2005年以降、新卒採用を毎年継続しました。大手企業が採用を中止したり大幅に人数を絞ったりした時期は、私の会社のような中小企業にとって優秀な人材を獲得する大きなチャンスです。特にリーマンショック直後の合同説明会は当社以外不動産系の会社がまったく出展していなかったので、かなりの数の学生を採用できました。そもそも景気の悪化を理由に採用を中止したり減らしたりするのは、根本的にあまりにも短絡的な発想だと思います。根底にあるのは、自分の社長任期中だけは業績を落としたくないという内向きで短期的な守りの発想です。その点、創業家の経営者には長期的な視点があります。大企業のサラリーマン社長は5年後の100億円より、今年の1億円に目を奪われますが、創業家の社長は、今年の1億円に目をつぶってでも5年後の100億円を大切に思うからです。だから長期的な視野に立って判断ができます。

リーマンショック後の第2の就職氷河期は、私の会社にとって大きなチャンスとなり、当時獲得した新卒社員が中心となることで、私の会社はさらに上のステージを目指して成長を加速させることになりました。

モチベーション経営で最強の組織をつくる

「社長、もう車買い替えましょうよ」

社長になって間もなく、まだ４人で始めたばかりの頃のことです。まだまだ10万㎞ほどしか走っていない社用車を、ある社員が買い替えたいというのです。まだ全然走れる車（日本の自動車は優秀です！）なのに、何を言ってるんだとびっくりしてしまいました。

またあるときは「コピー機の新しいものが出たみたいです。１分間に６枚多く刷れるんです。買いましょう！」と言われ、唖然としました。社長と社員はなぜこんなにもコスト感覚が違うのだろう、そう思いました。どれだけ利益を出してもこんな無駄なことをしていたらすぐに赤字になってしまいます。

しかし考えてみると、社員の給料やボーナスは固定されていましたから、彼らには会社の業績も経費の多寡も関係ありません。業績がどうであろうと収入は同じなのです。そりゃあ少しでも働く環境を良くすることを優先するはずですよね。彼らはまったく悪くありません。

その代わりこれは仕組みが悪いと思い、「インセンティブ制度」の導入を考えました。インセンティブ制度とは決算内容を社員にオープンにしたうえで、会社が上げた当期純利益の一定額を社員に還元するという制度です。社員に還元することが目的ですので、役員はインセンティブ制度の対象外です。この制度において社員は経費を使って備品を購入したほうがいいか、経費を使わずに利益を残して自分たちに分配してもらったほうがいいかを熟慮することになるのです。経費を使ってさらに利益が上がるような使い方ならばそちらを選ぶでしょう。そうでなければ当然購入せずに自分への分配を選ぶはずなのです。

この制度は私が目論んだとおり非常に効果がありました。以前のように「ほら電気ば消しなっせ」「こんなものは買わんでもよかでしょうが」などと言うことがなくなりました。そしてこの制度のおかげでリーマンショックのときも熊本地震のときも、コロナ禍においてさえ、社長になって一度も赤字決算に陥ったことがありません。社員の一人ひとりが経営に関心をもち、きちんと利益を上げていこうという意識をもったからだと思います。

　この制度をほかの経営者にお話しすると、よく営業の歩合と誤解されることがあります が、この制度の肝は営業社員だけでなく全社員に適用することが重要なのです。営業社員だけが利益分配を受けることになれば他部署の社員は自分たちには関係ないと感じ、思ったような効果を発揮しないことになります。特にコストをコントロールすべき経理や仕入れの部門こそしっかりと利益分配をすべきなのです。

ただしこのインセンティブ制度は、社員のみんなに均等に分配するわけではありません。それどころか社員の利益の貢献度に応じて大きく分配額を変えています。あるときには同期で同じ職種でも200万円もらった人もいれば10万円しかもらえない人もいました。

　もしも貢献度に関係なく等分していたら、一生懸命頑張って利益の増大に貢献した人間が不満を抱いてしまいます。結果を出せなかった人間も同じ分配にありつくことになるからです。こうなると頑張って成果を残した優秀な人間のほうが辞めてしまうことになりま す。経営者として残ってほしいのは優秀な人間のほうであるのに、逆のことが起きかねませ ん。その意味でも、利益に貢献した人にはしっかりと差をつけて分配するようにしました。

ところが、この相対評価は重要であると同時に、社員同士の関係をギスギスしたものにする懸念があります。さぼっているわけではないのに、業績に対して目に見えた貢献ができないという人もいます。その人は常に低い評価を受けることになり、成果を上げている人間を素直に評価できなくなってしまいます。

これではいけないと思って別に「ギフト制度」という仕組みを設けました。これは一種の報酬制度ですが、個人の成績を基準に上位者に与えられるというものではありません。会社全体で目標を決めて、例えば「3カ月で50棟受注できたら全員で京都旅行に行く」と決め、旅行先は社員全員による投票で決定します（時折、私の独断と偏見で決めることもありますが）。この制度は個人戦でなく団体戦なので、1人が何棟受注したか、その多い少ないは関係ありません。そのため、成績優秀で1人で10棟契約を取った人は偉いしもちろん評価するけれど、営業成績が振るわず1棟しか取れていない人でも、期限ギリギリで最後の1棟を決めることができたらヒーローになります。その1棟で、みんなが楽しみにしていた旅行が実現するわけです。みんなに「契約取れたばい！」と電話をして、「やったね！」「おめでとう！」と喜び合うことができるのです。これがもし個人戦で、契約棟数の多い順に上位５人に報奨旅行をプレゼントというだけのものだったら、６位になった人は５位以上の人間を素直に祝福できない可能性があります。それどころか口では「おめでとう」と言うかもしれませんが、今後ずっと根にもつ結果になることも考えられます。受注獲得という会社全体にとってうれしいことも「自分より上位にはいかせたくない」という意識からマイナスに受け止められかねないのです。これでは本末転倒になってしまうので、団体戦のシステムを採用しました。

もちろん全員参加の旅行といっても、昭和時代の社員慰安旅行のような、みんなが浴衣姿で大広間に集合して年次の若い社員が上司にお酒を注ぐというようなものではありません。初日の夕食だけ全員でパーティーをしますが、あとはすべて自由行動です。旅費だけでなく小遣いも会社が負担します。またここだけの話ですが、このギフト旅行がきっかけで社員同士で付き合うことになり社内結婚した例もあるんです。

この「ギフト制度」は社員全員が楽しみにするものになり、採用時の学生への説明でも非常に好評でした。会社が一丸となってチームとして力を合わせて目標に向かう姿が目に浮かぶのだと思います。新入社員のほとんどが「すごく楽しそうで、そういうところで働きたいと思った」という話をしてくれています。もしかするとこのギフト制度はビジョン以上に学生のほうに効果があったのかもしれませんね。

全社員に毎年株式を付与

モチベーション経営のもう一つの柱となっているのが「オーナーシップ経営」と呼んでいるものです。インセンティブ制度、ギフト制度に続き、株式上場後にスタートさせました。2つの制度が全社員に「しっかり利益を出そう」というマインドを育てていったことは、会社の成長にとって大いに意義のあることでした。しかし、もっと会社組織を強くするものはないかと考えたとき、それは全社員が経営者のような感覚で事業に取り組むことだと私は考えたのです。

経営者は誰でも、特に創業家の社長は24時間365日、会社をいかに成長させていくかばかりを考え続けています。それはたくさん儲けて自分の懐を豊かにしたいからではなく、企業価値を上げていくことが目標だからです。言い換えれば、明日から役員報酬はありませんと言われても、企業価値を高めるためなら私たちは働き続けます。会社と経営者は一心同体なのです。

全社員が自分に分配される利益の多さではなく、もう一歩進んで、経営者と同様に企業価値を高めていくという目標をもつことができたら、それは最強の組織になると私は思いました。

そこで始めたのが社員全員に株式を付与し、経営者と同じ目線で仕事に取り組んでもらう、オーナーシップ経営です。一般的な経営陣中心の経営とは異なる全員経営です。

従業員持株会という制度をもっている会社はすでに世の中に数多くあります。給与から天引きされた掛け金で従業員が毎月会社の株を購入していくものです。これは私の会社にもあり、掛け金の10％は会社として支給しています。オーナーシップ経営では、これに加えて株式付与制度を設けました。ＥＳＯＰ（Employee Stock Ownership Plan）と呼ばれるもので、全社員に対して1年に1回株を付与していくものです。１００％会社からのプレゼントです。表彰を受けたり、業績が良かったりという場合にも付与していきます。

３カ月に一度の表彰式はさながら株式授与式です。各部署から選定された社員が前に出て賞状と株を授与されることになるわけです。こうすることで経営者だけではなく、社員全員が株式の時価評価を意識するようになり、社会的な評価を高め、価値の高い会社にしていこうという前向きな気持ちで仕事に向き合うようになるのです。

その結果、こんな取り組みをしてみてはどうか、といった社員からの提案も非常に増えました。私の会社が、タレントのスザンヌさんとコラボしてスザンヌさんプロデュースの新ブランドを開発したり、ライフスタイルブランドのniko and ...（ニコアンド）やAfternoon Tea（アフタヌーンティー）とのコラボレーションで、従来の住宅メーカーにはない新たな住宅企画商品を展開したりしているのも、若い社員からの提案が大きな力になっています。どうすれば企業価値を高めていけるか、全社員が経営者の高い視座で物事を考えていくオーナーシップ経営を進めたたまものだと思います。また「バイトテロ」といわれる従業員によるＳＮＳ上での会社の評判を著しく下げるような行為も、自分自身の首を絞めるようなものになる（株価が下がれば自分の持ち株資産が減少しダメージを受ける）ので、そのような行為を防止することにもつながります。

私の会社は20年あまりで驚異的な成長を遂げることができました。

わずか4人だった社員数は331人にまで拡大し、東証への上場も果たし、資本金は約10億1500万円、2022年の売上高は前年比46％増の137億円、2023年には165億円を見込んでいます。上場後5年間で株価は20倍に上昇し、PERは現在40倍となりました。株式市場から今後のさらなる成長への高い期待を受けています。ただ、自分としてはまだまだ株価には不満がありますが……。

将来は苦しいといわれ続けていた地方工務店が、これだけの成長を実現できたのは、1999年の社長就任以来取り組んできた理念の明確化が最初にできたからです。そのうえで、旧態依然のモデルハウス集客型のビジネスモデルから脱却し、インターネットによる集客やCGやVRなどのデジタルツールの活用による顧客への分かりやすい提案、無駄なコストを省いた高品質な住宅の提供を積極的に展開していったのです。さらに社内では新規大卒採用を積極的に進めながらオーナーシップ経営の強みを活かし、今までにないライフスタイルブランドとのコラボレーションの展開などに取り組んできた結果が、成長につながったと思います。

父が一生懸命に取り組んでいた工務店の仕事がなぜあれほどの共感を得ていたのか、その核になっていたものを理念として取り出し、それを目標としてともに抱き担っていく組織をつくったとき、私の会社は斜陽といわれる業界のなかにあって、驚異的な成長を遂げることができたのです。

第**2**章

家ではなく
暮らしを売る

業界の常識を疑うことで見えた
新たな価値

住宅業界の常識を覆したインターネット集客

私たちの会社がインターネットを使った集客に力を入れ始めたのは、私の社長就任直後からでした。

当時はまだようやくWindows95や98が一般に普及し始めていた頃で、インターネットの黎明期《れいめい》です。ホームページをもっている会社も少なかったなか、ホームページビルダーというソフトを購入して自分でつくりました。

当時は「ホームページなんかで家が売れるわけがない」と言われ、住宅展示場にモデルハウスを出展し近隣のエリアにチラシを撒いて来場を促すというビジネスモデルを疑う人は誰もいませんでした。新型コロナウイルスの感染拡大が始まって以降、来場者数が減っている今でも、住宅メーカーの基本的なビジネスモデルは昔ながらのモデルハウス集客です。しかし、これには巨額の費用が掛かり、しかも営業攻勢を敬遠する消費者が増えて来場者は年々減ってきています。そのため、極めて効率が悪い集客方法になっています。しかも掛かった費用が販売価格に上乗せされるので、住宅価格を非常に高いものにしているのです。

広告チラシについては、私たちも長く利用を続けていました。これからはインターネットだという考えの一方で、従来のチラシ配布方式もなかなか捨てられず、インターネットのみに完全に絞るには少し時間が掛かったのです。

決断のきっかけになったのは社内で開いていた広告会議での議論です。2014年頃、例によって次に出す新聞折り込みチラシの内容やデザインの検討を、ああでもない、こうでもないと議論していました。しかし、チラシによる反響率は目に見えて低下していたのでした。そこで私は、「ねえ、このなかで新聞をとっている人はどれくらいいるか手を挙げてみて」と尋ねました。すると、社員を見渡したところ一人もいないではありませんか。「もうやめやめ」と言うと、私はすぐにチラシをやめました。

私の会社の住宅購入者は20代から30代の若い層、つまりこの会議のメンバーとほぼ同世代なのです。そのため、チラシの効果はないと判断し、ここからネット一本に絞りました。

最初は、社員からチラシをやめると集客できないのではないか、という不安の声もありました。実際に新聞は読んでいないのに、それでもなくして大丈夫かという意識になってしまうほど、住宅広告といえば新聞折り込みチラシという従来の業界の常識は根強かったのです。しかしとにかくチラシをやめて、今後はネット集客を徹底的に考えて工夫してやっていこうと話し合いました。

そのことが２０２０年からのコロナ禍に大きな成果を上げました。このとき、どの会社もモデルハウスへの集客ができなくなり、慌ててネットへの切り替えを進めようとしたのですが、そんな簡単にうまくいくはずもありません。準備期間もなく、四苦八苦していました。

しかし私たちはその5年以上前からさまざまなサイトを開設して準備を進めており、外出を制限された顧客が自宅からネットで検索を始めたとき、私たちのサイトは確実にヒットしていったのです。ほとんどの住宅メーカーがコロナ禍での集客に苦戦するなか、私たちにとってコロナ禍はむしろ自身の強みを発揮できる好機の到来でした。

e土地net

専門サイトで接点を拡げる

今ではほとんどのハウスメーカーがホームページを開設していますが、なぜ私たちだけがこれだけインターネット集客に成功しているのでしょうか。実はあまり教えたくなかったことなのですが、その秘密を少しだけお伝えしたいと思います。

私たちも当初は、とにかく自社ホームページに人を集めようとしていました。土地情報や施工事例などあらゆる情報をホームページ上に詰め込んで、集客しようと考えていたのです。とんでもなく高いコストを掛けてWEB広告を出していたこともありました。しかし、ホームページをつくっ

e建売net

てネット上にアップしただけでは誰の目にも留まらず、わざわざ探し当てて訪ねてくる人はいません。リブワークのことを知らなければホームページがどれだけ立派でも、誰も訪れてはくれません。ホームページに訪れてもらうようにするには結局莫大な広告費用を掛けて自社の宣伝をするしか方法はないのです。

しかしそれでは集客コストを下げるためにネット集客に切り替えたのに本末転倒になります。

そこで私たちが考えだしたのがサイトの専門化でした。新築を検討しているユーザーのニーズ別のさまざまな専門サイトをつくったのです。この考えに至ったのは、実はユニク

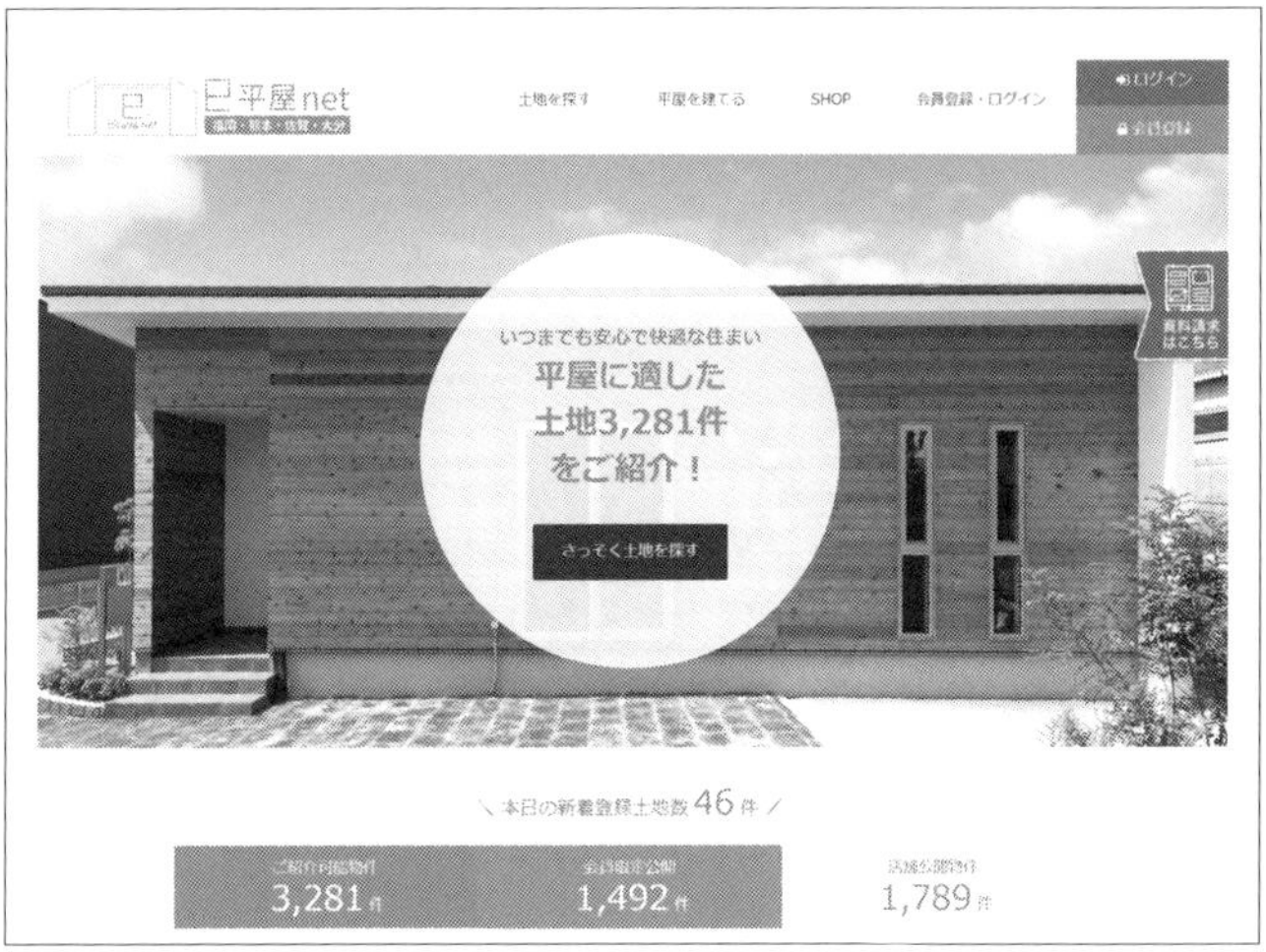

e平屋net

ロやビックカメラの人気を目の当たりにしたからでした。20年前くらいからデパートの不振が始まり、ユニクロやビックカメラなどのカテゴリーキラーといわれるような専門店が台頭してきました。このことをヒントにネット上でも間違いなく同じことが起こるはず、そう思ったのでした。そうして次々とニーズ別の専門店をインターネット上につくっていったのです。

一つが土地探しのサイトです。今から家を建てることを考えておられるお客様にとって、どこに建てるかというのは非常に重要なことです。「あの駅の近くがいいな」とか「この小学校エリアで土地を探したい」など新築を考えるとき、土地も一緒に希望されるお客様は多くいます。ということは土地情報検索サイトをつくれば、そこに来られるお客様は家を検討されているお客様ということになるはずです。そのお客様にアプローチしていけば、まるでモデルハウスに来場されたお客様のようになるわけです。

土地は、物件情報が多ければ多いほど魅力的になります。通常、不動産会社は不動産ポータルサイトに有料で掲載しますが、有料なので掲載数は限られることになります。この部分をついて当社が運営する「ｅ土地ｎｅｔ」では無料掲載にして、どれだけ掲載してもいいようにしたのです。このことで数多くの物件が集まりました。またこのサイトを通じて物件の売買が実現しても、当社はいっさいの仲介手数料を取りません。まさに、不動産会社にとって載せない理由はないサイトに仕上がりました。

このような仕組みを機関投資家の方にお話しすると、「どのように収益化するのですか」とよく聞かれます。このサイトから直接収益を得ることはないのですが、このサイトをいわゆる「モデルハウス」のように集客装置として活用することで、これから家を建てたい方の情報を得ることができ、結果そのお客様が当社で家を建てることで売上につながっていくという仕組みなのです。

また新築建売専門の「e建売net」もつくりました。土地探し同様、無料掲載にすることで情報量を増やしサイトとしての魅力を高めています。このサイトの特徴は、自社物件だけでなく他社物件も掲載し、Amazonのマーケットプレイスのようなプラットフォームにしているところです。さらに平屋を建てたい人のための「e平屋net」、建築家との家づくりを希望する人のための「e建築士net」、たくさんの住宅実例写真が掲載され、好きなものを選びながらプランづくりができる「e注文住宅net」などのサイトを運営しています。

一般の住宅総合サイトのようなものにも、土地情報があり、平屋や2階建てなど家のデザインや工法のページがあり、施工事例や設計士を紹介するページがあります。しかし、目的に合った専門店のほうが期待は大きく、選ばれやすいのです。

例えば「ラーメンやカレー、かつ丼、イタリアン、うどん、なんでも提供できます」といったお店は、なんの特徴もない平凡なお店ととらえられてしまいますよね。それよりも「うちはラーメンしか作らないけどおいしいよ」とアピールする店舗のほうが、おいしいラーメンを作ってくれるという期待が高まります。一方、総合サイトは自分が求める情報がどこにあるのか探さなければならず、しかも総合サイトだけに一つひとつのカテゴリーの情報量は決して多くありません。

専門化することでいろいろな入り口ができるので、住宅に関心をもっている非常に広い範囲の人を拾い上げ、そうした数多くの人たちと新たな接点をつくることができます。またカテゴリー別につくることで、自然とSEO（検索エンジン最適化）対策が講じられ広告費も抑えることができるのです。さまざまな専門店でまず幅広く接触し、サイト上での動きや情報のダウンロード履歴などから訪問者の関心のある分野をつかみ、それに関する情報提供をしていけば、顧客とのコミュニケーションが深まります。その行程を経て最終的に自社のホームページに誘導し、自社の顧客にすることもできるのです。

前述したように土地探しのサイトを訪れた人は、住宅新築の計画をもっている可能性が高いです。希望に合った土地探しをサポートしながら、どんな家を建てるつもりなのか、今どんなことを知りたいと思っているのかなど、合わせて関連資料を提供しながらコミュニケーションを深めていくことができます。

モデルハウスの建設と運営に比べれば圧倒的に低コストで幅広く、こちらから何かを押しつけるのではなく相手の関心に合わせて徐々につながりを深めながら集客していくことができます。これがインターネット集客なのです。

YouTubeで先行し住宅メーカーでNo．1に

私たちがインターネット集客のために、情報サイト構築に次いで力を注いだデジタル戦略がYouTubeでした。新卒の社員たちと話をすると、ほとんどテレビを観ずYouTubeばかり観ていると言うのです。

私の会社がYouTubeチャンネルを開設したのは、２０２０年１月です。前年の12月にYouTubeを始めるために、ほかの会社でディレクターをやっていた深見くんをYouTube専属で採用したのです。ほかの経営者からは「何馬鹿なことをしようとね」と笑われたのですが、私は本気でした。４Ｇの少なくとも20倍、最大１００倍のデータ通信速度が可能といわれる５Ｇが２０２０年3月から一部でサービスを開始することが発表さ

れていて、２０２３年から２０２４年には全国で５Ｇ対応になることが明らかになっていたのです。とすれば、もう写真の時代ではない、動画の時代であるということは誰の目にも明白でした。

しかし、当時住宅業界で５Ｇに注目した経営者はいなかったと思います。というのも、４Ｇから５Ｇへ移行なんてＩＴ業界の話で、自分たちには関係がないというわけです。そもそもYouTubeというのは、住宅業界だけでなく伝統的なビジネスの世界からは「所詮趣味の世界、遊び、エンタメでしかない」という感覚で見られていました。そこには信頼に足る情報はなく、それを提供する媒体でもない、という意識です。そのことが取り組みを遅らせたと思います。ところが、当時特に若い世代に対して、すでにテレビＣＭはまったく力を失っていました。そもそもテレビを観ないし、たまにドラマを観るとしてもＣＭをカットした録画で観るわけです。私が新入社員と話をしていても、テレビの話はまず出ません。

２０１９年にはインターネット広告費がテレビ広告を初めて上回ったことも発表されました（株式会社電通「２０１９年 日本の広告費―媒体別広告費」）。これは広告費の総額

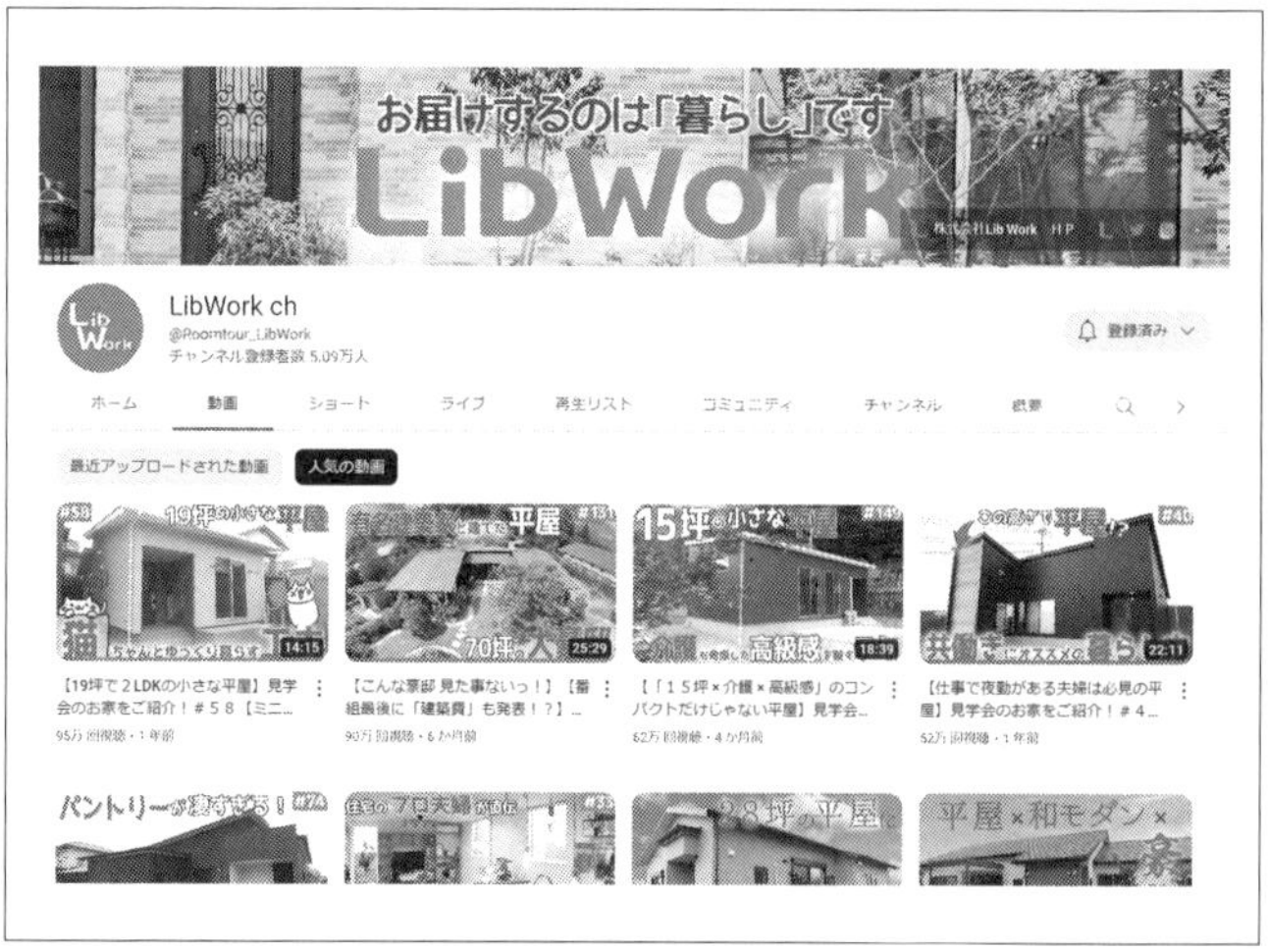

YouTubeチャンネル「Lib Work ch」

であり、若い世代を対象にした広告に限れば、インターネット広告費がさらに大きく上回っていることは明らかです。５Ｇ化はそのインターネット上を流れる情報の中心が、高速通信とともに写真ではなく動画になっていくということです。「インスタ映え」が流行語大賞になったのは２０１７年の暮れで、その後２０１８年、２０１９年はインスタグラムがさらに急速に広がっていきました。そしてそのインスタグラムは住宅会社にとって現在の主戦場です。今ではどの住宅会社も力を入れていないところはないといっていいくらいなのです。今建てられているお客様のほとんどがインスタを示しながら「こんな感じでつくりたい」「この照明かわいい」といった具合に住宅会社に伝えるのです。

しかしながら、今後住宅を取得しようとする人がどう動くのかについては、少し想像してみれば分かります。動画が当たり前になれば、Googleで検索して静止画中心の情報サイトに行くことはなくなります。また、インスタなども現在ほど支持されているとは思えません。動画の情報量のほうがずっと豊かですから誰もが動画で見たいと思うはずです。それにしっかりと応えるコンテンツを用意していくことが重要になるのです。

私の会社では、新たに迎えたディレクターの深見くんを中心に、2019年12月から本格的に取り組み始め、2020年1月以降、次々と動画をアップしていきました。ただ、最初から順調にスタートしたわけではありません。まずチャンネルの方向性をどうするか、私と深見くん、そして演者を務める神永さんで、毎週のように議論しました。営業としては動画から当社のホームページに引っ張ってきて集客してもらいたいと要望があったのですが、私は視聴者ファーストでいくべきと考え、どうすれば面白いチャンネルになるか、どうすれば今から家を建てる人に役に立つチャンネルにできるかを考えたのです。そこで思いついたのが、「建築の素人である深見くんが、住宅のプロである神永さんにお客様の家を見学しながら住宅についていろいろ聞いていく」というスタイルでした。神永さんはもともと営業でしたので、さまざまな疑問に答えることができるのです。そしてシナリオありきの予定調和はしないよう指示しました。まるで国会答弁のようなやりとりなんて勘弁です。この2人のやりとりで人気に火がつき、当初100人もいなかったチャンネル登録者が1000人を超え、Googleから収入を得ることができる招待状が届くまでに至ったのです。

そしてこの2020年は新型コロナウイルスの感染拡大のために緊急事態宣言が出され、在宅勤務が奨励されてイベントや旅行が軒並み中止になりました。在宅時間が増え、YouTubeが改めて注目されることになり、どの住宅メーカーよりも早くスタートさせた私の会社のチャンネルは、当初から非常に多くの視聴者を集めることができたのです。現在ではチャンネル登録者数5万人、1本で90万再生を超えるヒット動画を含め、総視聴数2000万回という住宅メーカーとしてはトップランクの実績を残しています。大手住宅メーカーですらチャンネル登録者数は3000から4000程度にとどまっており、最大手のメーカーでも1万を少し超える程度です。私たちの会社のような地方の若い住宅会社がその5倍もの登録者を得ていることは、いかに私たちのチャンネルが高い評価を得ているかということを物語るものだと思います。

もちろん、この登録者数の多さは、単にスタートがほかの住宅メーカーより早かったとか、折からのコロナ禍で視聴者が増える環境にあったからということではありません。動画を楽しんでもらえて、役に立ったと思ってもらえるように内容に十分配慮したことが高評価につながっているのです。

YouTubeというのは面白い媒体で、いかに美しい映像や映像編集技術、耳に優しいナレーションであっても、それが企業のCMだと分かったら誰も見ずにすぐ離脱していきます。ところが、自社のアピールをするためにYouTubeの世界に参入してきた住宅会社がつくる動画は、基本的にテレビCMの世界なのです。

YouTubeは企業がCMを流す媒体としてつくられているわけではありません。これをつくったプラットフォーマーは、ユーザー同士が身の回りの役に立つ情報や楽しい話題を動画で交換する場を提供しようと立ち上げたのです。企業が広告宣伝をする場としてつくったわけではないので、運営者は投稿される情報の有益性や公益性、楽しさといった点を見ていますし、情報の質や継続性、再生回数やコメントの多さといった反響についてもチェックしています。その結果、推薦できると思ったものを上位に掲載し、興味がありそうな人へのレコメンドもするわけです。私たちもそのことを念頭に、自分たちが言いたいことではなく視聴者が喜んでくれる情報はなんだろうかと考えながら制作していきました。

前述した家を紹介する動画について、もう少し詳しく説明しますね。まず住宅を建てる人が一番興味をもつのは、実際に建てられた家を訪問して見て歩くことだと思ったので、通常、住宅業界では「実例見学会」とか「住まいの見学会」というのですが、YouTubeではユーチューバーが自分の家などを紹介するときに「ルームツアー」で通していたので、そのように名付けました。こういう細かい部分も結構重要なのです。そして「モニター制度」でモニターハウスとして公開することに同意してもらっていた住宅を舞台に、私の会社でもともと営業をしていた神永さんと松永さんが案内役となって、素人代表の制作ディレクターの質問に答えながら家の中を15分ほど掛けて案内するというスタイルです。

よく案内役に女優やタレントを使う番組がありますが、私の会社ではそれはしません。そういうプロっぽさはYouTubeの世界には似合わないと思ったからです。細かい台本も用意しませんでした。また、あるとき収録で時間が押したためおなかが鳴ってしまい、女の子が赤面するシーンがあったのですが、ありのままを伝えるためにそれもそのまま動画にアップしました。

「どうしてここに収納があるんですか?」「このロフトは楽しそうですね」「このクロスは変わっていますね。どこの商品ですか?」というように、ディレクターがその場で実際に感じたり疑問に思ったりしたことを気軽に話し掛けたり質問したりしながら、案内役と一緒に家の中を回るという仕立てにしたのです。押しつけるような、一方的な解説・紹介にならないように注意し、「面白い」「ためになった」と喜んでもらえるものにすることを心掛けました。

また、なるべく自社のPRをしないことも意識しました。リブワークではこうしていますとか、リブワークの家づくりの強みはここです、のようなことは言わないようにしています。ちょっとでもその会社の宣伝だと思われたら、視聴者はもうそのチャンネルからは間違いなく遠ざかってしまいます。建主がこのような考えでこのような間取りにしたとか、この建具はあそこのメーカーの建具を今回は使用していますなど、今後の家づくりに役に立つような情報を出すようにしているのです。

こうしたルームツアー動画を次々と制作してアップし、その数はすでに200本ほどになっています。住宅メーカーでこれだけの実例紹介動画を公開しているところはあまりなく、各回平均10万再生くらいを記録しています。視聴した人から毎回コメントも多くいただくので、それについては必ず返信しています。「神永さん、ファンです」といった神永さんや松永さんへのエールもたくさんいただきます。返信があると視聴者にとって番組がさらに身近に感じられるものになり、次回以降の視聴にもつながっていくのです。

またYouTubeはアップした動画がそのままアーカイブとしてすべて残るので、その点でも大きな価値があります。200件もの住宅実例が、顧客の都合の良いときにいつでも見ていただけるものになるからです。

よくほかの経営者からこのYouTubeでのルームツアーについて「どれくらいの反響

があるの?」「広告効果をどう見ているの?」という質問を受けることがあります。また「YouTubeでどれくらい受注が増えましたか?」など、直接的な売上増を期待して聞いてくる方もいます。もちろん視聴者のなかには「あの動画の家はいくらになりますか?ぜひ同じ家を建ててほしいのですが」などといった問い合わせもあるにはあります。しかし、YouTubeの影響でどれくらい受注が増えたのかという質問への明確な答えはありません。視聴数と住宅受注数が分かりやすい相関関係にあるわけではないからです。「テレビCMによってどれくらい受注が伸びましたか?」という質問と変わらないのです。そもそも、そうした売上への直接的な貢献を目的にYouTube上での情報提供をしているわけではなく、YouTubeにそれを求めてはいけないのです。

自社の名前を覚えていただき、「良い住宅を建てているね」「一緒に家づくりしたら楽しそう」と思ってくれてファンになってもらうことができれば十分です。現在、住宅の新築戸数は戸建注文・建売で、1年間で60万戸程度です。検討中の人も含めればおそらく倍の120万人くらいが家づくりのことを考えているのではないかと思います。私の会社のルームツアー動画が1本平均10万再生ということは、実際に家づくりを検討している人の

12分の1の人が見てくれていると想定でき、聞き覚えのあるものとして会社の名前を知ってくれているということです。これはとんでもなく価値のあることだと思います。

しかもYouTubeは個人の発信という性格が強く、視聴者が演者に親近感をもつことも少なくありません。会社と演者である社員に親しみを感じてもらえるということは、今後の営業展開にとって大きなプラスとなります。実際、営業場面で接点をもった顧客から「YouTubeを毎回見ています。今日、社内には案内役の松永さんはいらっしゃらないんですか?」「神永さん、産休に入られたんですね。早く復帰してほしいなあ」と出演者の社員の名前や近況が話題になることもよくあります。いつの間にか会社や社員のファンになってくれているわけです。これもYouTubeという媒体ならではの効果で、例えばテレビCMで起用している女優やタレントではこういうことは起きないだろうと思います。

そしてその効果は営業だけにとどまりません。ある株主総会で「今日は神永さんいらっしゃいますか?　ぜひお会いしたかったのですが」とおっしゃる株主の方がいらっしゃったのです。残念ながら神永さんは役員ではないためそこにいなかったのですが、お客様だけでなく投資家の方にもYouTubeの効果があるんだということを実感したのでした。

YouTubeは、今のところ直接的に売上に直結するツールではありません。しかし、まだ営業していないエリアを含めて広い範囲で、そして今すぐ建てるわけではないが家づくりに興味があるという幅の広い人に、私の会社の名前や提供している建物について知っていただき、ファンになってもらえるという意味では非常に強力なツールです。

実際に九州から関東初の千葉に出展したとき、YouTubeからの問い合わせから受注が決まり、そのお客様の家はモデルハウスができるよりも前に完成したということがありました。モデルハウスができ上がる前に受注するなんて、前代未聞のことでしょう。また、まだまだ関東において当社の知名度が低いはずにもかかわらず、千葉北総合展示場に新規オープンした当社のモデルハウスの集客数が、出展ハウスメーカーのなかで常にトップ3に入っているのもYouTubeのおかげなのです。

このように大手ハウスメーカーを差し置いて、リブワークがYouTubeチャンネルで頭一つ抜け出したのは、今後当社が全国展開に向けて大きな武器を手に入れたことになるのです。

独自のメディアで役立つ住宅知識を提供

「社長、経済誌出身の方が採用希望でエントリーされていますが、どうされますか？」

採用担当社員からこのような連絡があったのが2021年のことでした。その社員からは「お断りしましょうか？」と言われましたが、私は「いやいやちょっと待って。一度会ってみるよ」と即座に返事をしました。というのも、実は私にはYouTubeに続いてやってみたいことがあったのです。

熊本市中心部にある「リブワークサクラマチオフィス」で面会の約束をすると、待っていたのは佐々木さんという地元の経済誌で働いていた女性でした。まだ若く、けれどもその子が書いた記事を拝見したところ、かなりの実力があることが分かったのです。

「今度WEBメディアをつくるからそこの編集長になりませんか」

こうしてWEBメディア「リブタイムズ」を立ち上げることになったのです。これは家づくりに関するさまざまな情報を提供するオンラインフリーマガジンです。

リブタイムズ

扱っている内容は非常に幅が広く、最近の住宅に関する話題やトレンド、住宅ローンなどの資金計画に関する情報、住宅のハード面に関するさまざまな知識などを、専門家や実際に家を建てた経験者への取材記事も交えて掲載し、専門家や当事者だからこそ知っているリアルな情報を分かりやすく提供しています。また会員登録してサイト内で質問を投稿すると登録建築家が回答するという仕組みもあり、その建築家との会話も公開され、ほかのユーザーが参考にできるようなコーナーになっています。

もちろん会員登録は無料です。

家づくりを支援するメディアならば、ほ

かにもあります。しかしながらこういったメディアのほとんどが広告モデルでの運営を余儀なくされていました。ハウスメーカーから広告をいただくことで成り立つビジネスモデルなので、なかなか客観的な記事を書くことは難しくなります。例えば鉄骨メーカーから広告代をいただいていて鉄骨の弱点を記事にすることは難しいでしょう。そこで私たちはメディアもお客様目線であるべしとの考え方からハウスメーカーからの広告はいっさい掲載せずに、正しい情報だけを忖度なく記事にしていく完全に中立的なサイトをつくりました。

特に住宅はさまざまな分野の技術が集約されたもので、デザインや間取りなどのソフト面に始まり構造や工法などの技術面に関すること、土地の取得、資金計画、法律や条例の関係、依頼先選びなど、分からないことや知りたいことが山のようにあります。人生で最大といわれるほど高額な買い物ですから、絶対に失敗したくないはずです。家づくりを検討する人にはさまざまな情報が必要です。それにもかかわらず身近な情報入手手段であるネットは、どこまでが広告でどこまでが純粋な記事なのかが非常に分かりにくく、口コミですら企業に有利なようにつくられているものもあって、何をどこまで信じていいか判断が難しいのです。

住宅会社のなかには、こうした情報の非対称性――住宅提供側が圧倒的に詳しい知識や情報をもち、建築する側には専門知識がほとんどないというアンバランスな状況――を逆手に取って、自社に不都合なことは黙っている、知らせないというスタンスの会社もあるのです。

一方、私たちが用意したフリーマガジンは誰に忖度することもなく、客観的で正確だと考えられる情報だけを取り上げています。私たちは木造住宅を中心に事業を展開していますが、木造住宅のメリットだけでなくデメリットを語る記事も載せました。

記事上に私の会社のホームページに飛ぶリンクはありませんし、資料請求ボタンもありません。見方によってはなんのためにお金を使ってやっているのか、その情報によってせっかく木造の家を建てたいと思っている見込み客が他社の鉄骨メーカーに流れてしまうかもしれないじゃないかと言う人もいると思います。

しかしこのような第三者視点での取り組みが功を奏してか、難易度が高いといわれるSmartNews（スマートニュース）やYahoo!ニュースとの連携も決まり、今後かなり皆さんの目に触れる機会が多くなるのではないかとワクワクしています。そうなればリブタイムズには家づくりを考える方の参考になる記事がたくさんあるという認識が広まり、家を建てるなら誰もが一度はこのサイトを見るという日が来ると思っています。そしてこのメディアを運営している会社がつくる住宅なら間違いないと思ってもらうことができ、私たちの会社の信頼性が高まります。それについて、私は3年後、5年後でなく10年後という長期スパンで考えています。なぜなら短期の業績より長期の企業価値の向上のほうが大事だからです。短期の業績だけを見ていたら、ブランド価値や企業イメージの向上などといったものの重要性は見えてきません。

経営者の最大の役割は、今年や来年の業績だけにとらわれず長期的な視点で企業価値の向上を考え、お客様や会社、社員を守り、成長させていくことだと思います。短期の業績だけなら営業部長に任せておけばいいわけです。長期視点と短期視点のバランスをとる、社長だけにしかできない判断があるのではないでしょうか。

インターネットによって誰でも簡単に世界に向けて活字や音楽や映像を発信すること

ができるようになりました。一昔前、本や自作の曲を広く世の中に出すことができたのは、編集者やプロデューサーに認められ出版社やレコード会社を動かすことができる力をもった人だけでした。映像コンテンツの放映は巨大な設備をもった放送局と制作スタッフに加えて、資金を提供するスポンサーをすべてそろえることができなければ不可能だったのです。しかし今では、インターネット上に開設されたさまざまなプラットフォームを使えば、一人でもコストを掛けずにどんなものでも世界に向けて発信することができるのです。実際、ネットからAdoさんや米津玄師さんなどさまざまなアーティストが生まれ、活躍されています。

インターネットこそ、これからのマーケティングの中心です。これをいかに使いこなすか、知恵を絞っていかなければなりません。

第3章

旧態依然とした業界だからこそイノベーションのチャンスあり

斬新なアイデアを圧倒的なスピードで事業化する

iPhoneのような家をつくらなければ

パソコンや携帯電話、スマホの急速な普及、さまざまなインターネットサービスの登場など、デジタルテクノロジーの急速な進歩は私の会社のビジネスモデルにとって追い風でした。大きな手応えとさらなる可能性を感じると同時に、住宅という商品を従来どおりのデザインや性能の強化といったハード面の追求にとどまっていいのかという私なりの疑問もありました。

デジタルテクノロジーを身近に使いこなすミレニアル世代が、2000年以降続々と成人となり、住まいを考える世代として登場してきていました。モノへの執着が少なく、自分らしいコト、自分なりの生き方にこだわり、ライフスタイルを大切にする彼ら彼女らに、これまでと同じような構造の強さや耐久性、性能の高さ、便利な機能などのハードを売り物にしただけの住宅が喜ばれるのだろうか、それが私たちの会社の理念である「世界中に感動を与えるもの」であり「顧客の夢の実現」につながるものなのだろうかと思ったのです。

そのことを強烈に意識させたのが、誰もが知っているiPhoneです。２００７年にデビューし、２０１０年を過ぎる頃から爆発的に売れ始めていたAppleのiPhoneを見たとき、自分が探していたものはこれだ！と思い、私たちもこういう住宅をつくらなければダメなのだと感じました。iPhoneはハード的に高性能だから爆発的に売れたのではありません。iPhoneは1台あればアプリを通じてなんでもできて、ジーパンのお尻のポケットに、小さくてエッジの立ったデザインのマルチコミュニケーションツールを無造作に突っ込んで街を歩くというライフスタイルが全世界的に急速に受け入れられたからこそ、売れたのだと思います。これからの時代は、どういう家に住むかではなく、どういう生き方をして、日々、どんな暮らし方をするのかということが重要視される時代です。住宅もライフスタイルや世界観を表現し、刻々と変わる時代を意識しながら住み手の思いに応えるものになっていかなければならないでしょう。

Lib Workに社名を変更

社名変更を思い立ったのも、従来のいわば伝統的な住宅メーカーからの脱却が必要だと考えたからです。私が社長を受け継いだ当初の社名は、先代社長である父が創業時に付けた「瀬口工務店」でした。その後、瀬口工務店ではいかにも家族経営で地域密着の小規模零細企業と思われがちだし、このままでは新卒採用にも不利だと考えて、瀬口のS、工務店のKから「エスケーホーム」という社名に変えました。しかし、さらにライフスタイルを提案する会社へと変わっていかなければならないと考えたとき、いかにもそこらに数多くある（実際に日本中にエスケーホームの社名がいっぱいあります）、新規の住宅メーカーという印象のエスケーホームの名称の変更を思い立ち、現在の「Lib Work（リブワーク）」へと2度目の社名変更をしたのです。変更当初はすでに熊本県内ではかなりエスケーホームの知名度があったため、「社長、なんで社名ば変更すると？　もったいなかよ」といろんな方に言われました。しかしどうせ社名変更するならば早ければ早いほどいいと思い、私はすぐに変更手続きに取り掛かりました。

あるとき、マーケティング担当者の田中丸くんが慌てた様子で私に駆け寄り、「社長、Lib Workのドメインがすべて押さえられています。どうしましょう」と、今にも泣きそうな声で報告しに来ました。

「心配ない、心配ない」

実はすべて私が1年も前に個人的にドメインを押さえていたのです。あのときの田中丸くんの焦った表情は、今でも思い出すとにやけてしまいます。

新社名の知名度を上げるために、私はネーミングライツを活用しました。毎夏甲子園出場をかけて高校球児たちが熱いドラマを繰り広げる、熊本市の伝統ある球場「藤崎台球場」のネーミングライツを取得したのです。県民にとって愛着のある球場でしたので、「リブワーク藤崎台球場」と名称が変更になることはかなりのインパクトを与えました。さらにその年はその球場でプロ野球のオールスターが開催されることになり、全国的にもリブワークの名前を届けることになったのです。これにより一気にリブワークの知名度が上がりました。

ところでLib Workという社名にはどんな意味が込められているのでしょう。これは自由（Liberty）で革新的（Liberal）な発想で、さまざまな人々の暮らしや生活（Live）をつなぐネットワーク（Work）企業へと成長していきたいという思いを込めた造語なのです。私たちは戸建て住宅業界で家というハードを提供する住宅メーカーではなく、顧客の快適で夢のある暮らしを情報通信ネットワークを通して幅広く提供する生活創造企業を目指すということを明確に打ち出したいと思いました。

しかし、私たちがいかにライフスタイルを提案する生活創造企業になりたくても、しょせんは田舎の小さな工務店に過ぎません。本当の意味での生活創造企業になるためには、さまざまな企業とのアライアンス、つまり連携が欠かせないと考えていました。私たち単独の力では表現できないものを表現し、多くの顧客に届かないものを届けるようにするためには、ブランド力や世界観をもった企業とのアライアンスが最短で最強の道です。住宅業界ではそれまでまったく取り組まれていませんでしたが、アライアンスこそ、まだ小さな私の会社を大きく成長させる核心的な戦略だと考えていました。

そのためにも、絶対に必要だと私が思ったのが株式の上場です。会社を新しい成長のステージに移すためには、全国区の大手企業とのアライアンスが必須であり、そのためには私の会社自身、上場会社であることが最低の条件になると思ったのです。私が会社を継いだときからいずれは上場すると心に決めていたのは、大学で会社法などを学んだということにも関係しますが、「株式会社たるもの上場会社であるべき」という意識があったからです。もちろんいろいろな経営者の考えがあります。ジャパネットたかたさんは非上場でありながら、すばらしい成長と社会貢献をなさっています。そのため一概に上場会社のほうがすごいとはいえませんが、私自身としては株式会社である以上上場を目指すべきであると思っていました。そうでなければ、大企業が信頼を置き、コラボレーションによって一緒に事業を進める相手として検討対象にすらしてくれることはありません。例えば何百年ののれんがあるとか、人間国宝に匹敵するような日本一の卓越した技術者を抱えているというなら話は別かもしれませんが、私たちはせいぜい20年の歴史しかない地方の住宅会社に過ぎなかったのです。まともに相手にしてもらうためには、上場会社であることが必須です。

株式上場への道

上場を目指していたのは社長就任当初からだったのですが、具体的に動き出したのはこんなことがあったからです。私が営業を担当していたお客様で当社に建築を頼んでくださった方がいらっしゃいました。あるときそのお客様が「社長、社長のところの株を買いたいんだけど。こんなすごい会社はないよ。絶対株が上がるから家を建てるのと同時に株を買いたい」と言うのです。そのときはまだ上場していませんでしたので「すみません、上場会社じゃないんで、株は買えないんです」と答えると、「ああ、残念。絶対株が上がるって分かっているのに」そう言ってたいそう残念がっていました。確かにこのときもし株を買えていたとしたら、今頃このお客様は億万長者になっていたことでしょう。なんという慧眼、恐れ入ります。

こんなやりとりがあり、社長ブログで「いずれ上場したい」と初めて上場への夢を口外したのでした。それからともなく、あるベンチャーキャピタルから電話が掛かってきました。

「ぜひ一度お会いしたい。上場を検討されているんですよね？」

なんとそのブログを見て連絡をくれたそうです。日本アジア投資の松村さんという方でした。そして実際に面会して1時間もしないうちに「ぜひ御社に投資をしたい。会社の決裁をとっていないので断言はこの場ではできないが、僕としては1億円投資したい」そう言うのです。突然来て、会ってそんなに時間も経っていないのに1億円。怪しさ満点です。

しかし松村さんと話をしていて、なぜだかこの人なら信用できると感じたのです。そこで私は母である常務に相談しました。こんな投資話がきていて、上場をしたいとの思いを伝えたのです。

「そりゃ怪しかばい。会社ば乗っ取られるんじゃなかと？」

確かに「上場＝経営を乗っ取られる」と思っている経営者の方も多くいらっしゃいます。また自分の思いどおりに経営ができない、スピード感をもって経営できない、そう思われている方もいらっしゃるのではないでしょうか。しかし、実際はそんなことは決してありません。経営権が安定するラインである持ち株比率50％を超えておけば、経営を乗っ取られることはありませんし、思いどおりにならないということもないのです。あくまで持ち株比率をしっかり考えておくことが重要です。

私はそのことを常務に伝え、どうにか上場を目指すことに対して合意を得ました。ただ、結局日本アジア投資には投資を受けることをしませんでした。その代わりストックオプションを与えたのです。ストックオプションをベンチャーキャピタルに与えるなんて前代未聞です。通常は取締役や、これから入社する優秀な人材へのオプションとして付与することが多いからです。しかし、私にとっては1億円をいただいて株主になってもらうより、上場しなかったらなんの意味もないストックオプションを与えるほうが、何倍もストレスが掛からなくて済んだのです。上場すればお互いにWin-Winになる道を選んだのです。

こうして松村さんという外部のブレーンを得て、当社は上場に向けて加速することになりました。まずは監査法人のショートレビューを受けたほうがいいとのアドバイスを受けて、三優監査法人を紹介してもらったのです。今では監査法人難民という言葉があるほどＩＰＯ準備会社が監査法人と契約するのは容易ではありません。しかしその当時はリーマンショック後ということもあり、比較的にすんなりとショートレビューを受けることができました。しかしその結果は衝撃的なもので、なんと0点。まあ実際には点数なんてつきませんが、すべての項目で改善が必要でした。今まで内部管理体制なんて重要視していなかったし、そんなものがなくてもしっかり経営をしている自信があったので、０点という結果はそんな自信をこっぱみじんにしてくれたのでした。それまでは経理事務はパートの方が行っていたのですが、上場するにはもう一つ上のレベルで会計を行う必要が出てきたのです。対応できる人材の採用が急務でした。

そこで上場準備のために会計スタッフを募集したところ、慶應義塾大学出身で公認会計士の二次試験にも合格している野村くんという20代のスタッフを採用することに成功したのです。上場を目指していなかったら決して入社することはないレベルの社員でしたので、飛び上がって喜んだのを覚えています。あまりのうれしさに日本アジア投資の松村さんにその場で電話を掛けたほどで、中国史が好きな私は「我、張良を得たり」と心のなかで叫びました。

その後も上場という旗印のもと、大手企業で働いていた総務責任者の城くんや現経営企画室の難家さんなど、続々と上場に必要な人材が集まってきたのです。まるで劉備のもとに孔明や張飛、関羽が集まってきたような感じでした（孔明だったり張良だったり時代背景が錯綜していますが）。

よし、これで上場に必要なものはそろったぞと喜んだのも束の間、上場準備と審査への対応では非常に苦労しました。上場準備とは人材を集めたらできるような簡単なことではなかったのです。特に原価計算は大変でした。請求書・支払いをもとに原価を計上していたため、会社全体の仕組みをガラリと変える必要があったのです。

当社を担当していただいていた堤先生からは「社長自身がもっと会計のことを勉強する必要がある」と言われ、これじゃいけないと会計のことを一から勉強しました。原価計算や内部統制、減損、税効果会計など、今までまったく知らなかったことも堤先生と議論ができるくらいには会計知識を身につけることができたと思います。上場前に会計知識を身につけられたのは、今本当に役に立っており、最も信頼している堤先生だったからこそ、くじけずに頑張れたのではないかと思うのです。

それでもやはり、上場準備は困難を極めました。当初予定していた申請より1年遅らせるよう監査法人から提案があったのです。それを私は断固として拒みました。そして監査法人の先生たちをお呼びして、「当社を上場させたくないのですか？　それであれば私はほかの監査法人も検討します」こんなことを言ってしまったのです。すると、「そんなわけないじゃないですか！　どれだけ一緒にやってきたと思っているんですか。上場で終わりじゃないでしょ？　そのあとも続くわけです。このまま上場してもきっとうまくいかない」と、監査法人の先生たちは本気で怒っていました。確かにそのとおりです。この出来事によって先生たちの本気度も分かりましたし、逆にそこまで当社のことを考えてくれたことをうれしく感じました。このまま先生たちを信頼して三優監査法人で進めていこうと心に誓い、そして「じゃあ可能性はどれくらいありますか」と尋ねました。すると「99・９％無理です」との答えが返ってきたのです。私は静かに「ありがとうございます」と言い、次のように答えました。

「０・１％可能性があるのですね。どうすれば上場できるか改善すべきところを教えてください」

指摘点は１００近くに上り一瞬くじけそうになりましたが、私自ら先頭に立って改善を図りました。業績は営業部長も兼ねている常務にお任せして、１年ほどは上場準備室長の役割を兼ねて率先して内部管理体制を整えました。そしてようやく自分のなかで目途が立ち、これで体制が整ったと確信したのです。

その後堤先生から呼び出され、「社長、よく頑張りましたね。当初の予定どおりで申請しましょう」と言われました。「分かりました」と答えたところ「あれっ、もっと喜ぶかと思っていましたよ」と言われましたが、私にはすでにもう大丈夫だということが分かっていたのです。こうして一つの関門をくぐることができました。

次に、私は主幹事証券をどこの証券会社にするか迷っていました。福岡証券取引所に上場するため大手証券会社は軒並み敬遠して、なかなか主幹事証券が見つからなかったのです。またリーマンショックのあと新興証券市場が落ち込んでいて、ＩＰＯが年に50ほどしかないという惨憺たる状況でした。

そんななかで主幹事証券を必死に探していたところ、エイチ・エス証券と岡三証券が手を挙げてくれました。非常に迷いましたが、結局現在の主幹事証券である岡三証券を選ぶことになったのです。理由は単純で、ユニクロのファーストリテイリングが最初上場したときの主幹事証券が岡三証券だったからです。ユニクロは山口県の田舎から全国展開し今ではグローバルに活躍されている企業で、私にとって目標でした。こんな企業になりたいと思い、験を担いで岡三証券にしたのです。それだけでなく岡三証券は非常に誠実な企業でもありました。そういえば岡三証券も三重県を中心にスタートした独立系の証券会社です。非常に当社と似通っています（規模は全然違うので怒られそうですが）。

こうしてなかなか決まらなかった主幹事証券も決まり、その後証券会社の引受コンサル（いわゆる審査の前の準備）が1年ほどあり、待ちに待った証券の審査が行われました。証券の審査も基本的には取引所の審査と共通していますので、ここをしっかり通過できれば取引所でもうまくいくことになるわけです。そして当社はこの審査も無事に通過し、福岡証券取引所に申請することになりました。ところが、ここまでくればもう楽勝だろうとたかをくくっていたところに、大きな落とし穴が待ち受けていたのです。

申請の日、私は野村くんと城くん、難家さん、そして管理部長と一緒に、両手いっぱいに申請資料を持って福岡の金融街にある福岡証券取引所に向かいました。証券審査は通過しているとはいえ、やはり取引所の審査はドキドキするものです。福岡証券取引所に着くと、役員の方と審査部長、審査担当の方々が出迎えてくれました。当社は福岡証券取引所のＩＰＯ挑戦隊というものにも加盟していたこともあり、またその当時の理事長が上場するときにはぜひとも福証でとのことでしたので、福岡証券取引所を最初に選んだのです。ところが何か様子が変なのです。一通り申請理由などをお話して今後の流れに話が移ったとき、「社長、ちょっといいですか」と別室に呼ばれました。そこにはある地元の新聞が置かれていたのです。その経済欄になんと「エスケーホーム上場へ」との見出しが書いてあったのです。

「これは何ですか?」

いやいやこっちが聞きたいくらいでした。まったく身に覚えのないものだったため「分かりません」と素直に答えると、「こんな情報統制ができていないなら、上場なんてできませんよ」と言われたのです。上場への道のりで、いきなり先制パンチをくらったのでした。ただ後日これは当社からのリークではないことが分かり、どうにか難をのがれることになるのですが……。

とはいえ申請後の審査も非常に厳しいものでした。取引所から合計3回程度の質問書が届くのですが、まあ時間が足りません。1回につき100問くらいの質問が届き、それに1週間以内で回答する必要があります。その間の証券会社のチェックの時間を踏まえると、4日間程度で最初の回答を作成しなくてはなりません。一人で全部を回答していたらまず間に合わないでしょう。これはあくまでも私の仮説ですが、わざと時間を短くして組織として対応できるような体制になっているのかも見ているのではないのかなと思います。

私も回答案にすべて目を通し、修正を加えました。その後、その回答案をもとに面前でヒアリングがあります。企業内容や沿革、リスク情報などの開示の適切性、企業経営の健全性、コーポレートガバナンス及びコンプライアンス（企業の法令順守）などの内部管理体制の有効性、事業計画の合理性など、膨大な数の項目を3回に分けて細かく質問されていくのです。ほとんど睡眠がとれない期間が1カ月ほど続きました。おおよそ合格に近づいてきたときにまた大きな問題にぶつかってしまったのです。そしてそれはコンプライアンスに関わる論点だったので非常に厳しい状況でした。そこで思い出したのが、私が学生時代に勉学をともに励んでいた、福岡で弁護士事務所を開設している知名くんだったのです。知名くんに急いで連絡を取り久しぶりという挨拶も束の間、意見書を書いてほしいと依頼したのでした。もちろん知人だからといって私の意見に全面的に賛同するわけではありませんが、たいへん心強い味方でした。ここにきて弁護士を勉強していたときの人脈が活きたのです。

この甲斐もあってか、少し審査期間は延びましたがどうにか審査に通過ができたのです。ホッとしましたが、ここで気を許すわけはいきません。今までにも審査は通過したけれども不祥事や内部告発などがあり、上場できなかった企業もたくさんあります。なるべく車にも乗らない、お酒も控えるなどしてリスクを最小限に抑えて、結果が出るまでの期間を過ごしました。

審査が終わると次に待っているのはロードショーと呼ばれる機関投資家回りです。2週間ほど毎日投資家を回り、自社ＩＲをするのです。その結果で公募価格が決まります。当社の仮条件は６００円から７００円に設定してありました。うまくいけば上限の７００円で決定することになるため、私は一社一社に対して必死で当社の強みやビジネスモデルを伝えました。しかし向こうも百戦錬磨の達人たちです。時には「こんなんじゃうまくいかないよ」と厳しい指摘が飛んでくることもあります。その際、私はグッと感情を抑えて強引に反論することをしませんでした。なぜなら無理に反論したところで、感情を害させては何にもならないからです。なるべく相手の意見に合わせ、今後そのような方向性を取り入れることを約束しながら、投資家たちを納得させました。

そして最後の説明が終わり投資家からのオファーのとりまとめを行いました。すると、なんと上限である700円をはるかに超えた平均応募価格になっていたのです。証券会社の方もびっくりされていました。結局800円での公募価格で募集することになったのです。機関投資家の方々にこれだけの期待をされたことは、大きな自信につながりました。

そしてようやく迎えた上場日。この日は初値がいくらになるか、終値が公募価格を超えて引けるか、そんなことを気にしながら福岡証券取引所に車で向かったのを覚えています。株取引の板を見ながら「頼む、公募価格を超えてくれ」そう心のなかで祈っていました。そして運命の瞬間が訪れたのです。初値は910円で、少しではありますが800円を上回っていました。金額だけ見ればたった100円程度ですが、私にとってそれはとても大きなことでした。初値は一生ついてまわります。公募価格を初値が超えないと、投資家の方々に迷惑を掛けることになるからです。そういった意味では心底ホッとしました。終値も860円と公募価格を上回り、一日を終えたのでした。

福岡証券取引所の単独上場は株式会社アメイズ以来2年ぶりだったこともあり、さまざまなメディアで取り上げられました。宣伝効果を換算すると、数億円にも上るような効果があったのです。福証の理事長だった奥田さんとの約束を果たすことができ、ようやくスタートラインに立つことになりました。私にとっては大きな旅に出る前の新しいパスポートを受け取ったような感覚でした。

いざ、東証上場

その後も順調に成長し、次は東証にチャレンジすることにしました。最初の上場も難しかったとはいえ、東証となると日本全国から希望者が集まってきますし、難易度は格段に上がります。当初は福証上場から3年後に照準を絞っていました。その準備を進めていた最中、岡三証券の山八さんより突然電話が携帯に掛かってきたのです。それは建築協会の会員旅行で沖縄に行っていたときのことでした。
「東証に申請するのに懸念点があります。そこを是正して1年間様子を見ましょう」
私は携帯を持つ手を震わせながら愕然としました。せっかくの沖縄旅行だったのですが、その後はほとんど覚えていません。とにかく悔しさだけが残りましたが、上場はもうしているので慌てる必要はないと前向きに考えました。それどころか、しっかり1年間戦略を練って投資家にもっと当社のことを認識してもらい株価を上昇させようと思ったのです。するとあっという間に1年が過ぎ、申請する年になりました。

無事に証券の審査を通過し、いよいよ東証への申請を行いました。東証には前回のロードショーのときに一度見学に行っています。読者の皆さんがよくニュースで目にする鐘がつり上がっているところを見に行きました。絶対近いうちにあの鐘を鳴らすぞと誓ったその場所に、いよいよ申請することになるわけです。

申請の際、当時の管理部長の櫻井さんと総務課長の城くん、経理財務課長の野村くん、そして当時は社長室長だった難家さんとともに東証へ向かいました。東証の中は薄暗く重厚感があり歴史感漂う雰囲気で、それだけで呑まれそうでした。

みんなと小さく「よしっ行こう」と声を掛け合い、ドキドキしながらエレベーターで申請の受付まで登っていきました。こちらへどうぞと部屋に通され、その日は申請理由だけ聞かれてひとまず無事に終わりました。手にはびっしょりと汗をかいていて、どっと疲れが押し寄せてきたことを覚えています。

しかしそれからが大変でした。福証のときと同じようにコンプライアンス、製造工程、営業・業績という大きく3つに分けた枠で、それぞれ100問くらいの質問を受けます。それについて1週間で回答を作成して送ると、さらにその回答に対する再質問があります。これも3回に分けて面談で答えるのですが、一般的には営業、生産、経理・財務の各部門長が対応するようです。しかし、私の会社の場合は過去の経緯を含め各部門の取り組みを一番知っているのは私だということで、私がすべて対応しました。おそらく東証からのすべてのヒアリングを社長自ら回答したのは、過去私だけではないでしょうか。証券会社からは「社長一人で答えるなんて到底無理だし、東証も心証を悪くするかもしれませんよ」と言われていましたが、どうにか無事に乗り切ることができました。

ところが、次回社長ヒアリングに進むというタイミングで、ストップが掛かったのです。詳しくはいえないのですが、ある部分で気になる点があり、この疑問をすっきりしてもらいたいというのが東証からの要望でした。

結果、その疑問を晴らすために３カ月も掛けることになり、私にとってこの３カ月は、1年にも匹敵するような長さにも感じられました。３カ月間いろいろなところを飛び回り、あるときはお客様、またあるときには金融機関と、疑問を晴らすためにできることはなんでもやりました。

そして無事にその疑問が晴れ、社長ヒアリングに進むことができたのです。「なぜ上場したいのか」という質問が来るとは聞いていました。私は勢い込んで「これは長年の私の夢です」とまで声が出掛かったのですが（これが本音なのですが）、そういう言い方をすれば「それは単なる社長の夢であり欲に過ぎない」と切り返されるに違いありません。私がそのときに答えたのは、会社を存続させ持続的に成長させていきたいということ、そしてそれが社員にも取引先にも利益になり、上場こそが最良の手段になると思うということでした（なんて通り一遍の答えでしょう）。

そしてもう一つ、コーポレートガバナンスについての考えを聞かれました。ん、待てよ、これどこかで……。もし誰かがそのときの私の表情をじっと観察していたら、私が一瞬、かすかににっこりと表情を崩したことに気づいたかと思います。私は大学院を受けるときに大学院入学試験、いわゆる院試を受けました。その課題が「コーポレートガバナンスについて述べよ」だったのです。20年近く前の記憶が、一気によみがえりました。経営者になって以来、法学部での勉強が直接そのまま役に立ったことは初めてでした。しかも私はもう大学院生ではなく、小なりといえども実際に福証の上場会社として会社経営を担ってきたのです。その経験からコーポレートガバナンスとはこういうことだったのかと、実地に学んだことも少なくありません。実体験も踏まえながら思いの丈を語りました。

私の回答は高い評価を受けたようでした。このときは、今までの頑張りが報われた、神様のご褒美だ！と感じたことを鮮明に覚えています。この出来事によって、今なんの役に立つか分からないものでも、いつか役に立つことがきっとある、今をしっかり頑張っていくことが重要だということを改めて認識させられました。

審査の結果が報告される日は生きた心地がせず、神様仏様、どうか承認されますようにと祈りながら、鳴らない電話の前を何度も行ったり来たりしていました。電話が鳴ってほしい反面、受話器を取るのが怖いという気持ちもあり、心臓の音が隣の社員に聞こえるのではないかと思うほど、緊張が収まりませんでした。午前中には東証から連絡があるはずだと聞いていたのですが、なかなか電話が鳴りません。そしてようやく待ちに待った電話が鳴ったのは午後の３時頃で、あんなに受話器を取る手が震えた日はありません。一つ大きく深呼吸をしたあと私は電話を取り、祈るような気持ちで結果を尋ねました。

「社長、おめでとうございます。このたび、無事承認されました」

「本当ですか……！　ありがとうございます！」

受話器を置いた瞬間、社員たちが全員起立して拍手を送ってくれ、うれしい気持ちとホッとした気持ちが一気に押し寄せて、なんともいえない感情が噴き出しました。私はみんなにありがとうと一言だけ言うと、席に戻り目を閉じました。その瞬間、私の社長としての長年の夢が叶ったのでした。

その後東証から、「事業内容」の記載欄に載せる文面をどうするかという問い合わせが来ました。ある程度は内容を自社で決めることができるのです。東証からは仮の文案として「熊本に本社を置く戸建て住宅事業」というようなものが示されていたのですが、それでは私の会社の株式を買って投資しようと思う人が現れるとはとても思えず、「インターネット集客を特色とした戸建て住宅事業」という内容にしたいと東証の担当者に伝えました。何か言われるかとハラハラしたのですが、あっさりと私の希望どおりの文面が実現することになったのです。

インターネット集客という文言を入れることができたことは、とてつもなく大きな意味があったと思います。おそらくそれまで住宅企業でインターネットという文言が事業内容に入った会社はありませんでしたので、実際に私の会社が上場直後から大きな注目を集めることができたのもこの一行の記載ができたおかげです。上場後、半年も経たないうちに私の会社の株価は2倍から3倍になりました。東証がもつ力、投資家からの注目度の高さに私は改めて驚かされたのです。

東証の上場企業になったことは、想像を超えた大きな意義をもちました。その後のコラ

東証での打鐘

ボレーションの企画は、常に小さな私の会社から大きな会社に声を掛けるという形で展開できているのです。熊本の小さな街に本社を置いている、まだほとんど無名の会社からのオファーに、一流の大企業が真剣に耳を傾けてくれるようになったのは、上場企業としての社会的な信用を集めることができるようになったのと、さまざまな公開情報による事前のチェックが可能だったからだと思います。上場企業だからこそ正当な評価を受け、具体的なコラボ企画に進むことができました。上場が私の会社をコラボレーションという次のステージに見事に押し上げてくれたのです。

オープンイノベーションを積極的に展開

私の会社がオープンイノベーションの手始めとして取り組んだのが、「無印良品の家」のフランチャイズへの参加でした。これはすでに展開されていたフランチャイズへの加盟という形を取ったものです。ライフスタイルを表現する住まいの提供という意味で、本格的なコラボレーションを展開したのはそのあとのことでした。

ヒントをくれたのは、その当時コーディネーター課長だった山田さんという女性社員です（今では次長に昇進しています！）。採用面接で一緒にランチをしていたとき、熊本県生まれでもあるタレントのスザンヌさんの話題になり、最近インスタがすごく人気だと教えてもらい、その場で見せてもらいました。スザンヌさんには申し訳ないのですが私のなかではおバカタレントのイメージしかありませんでした。しかし確かにセンスがあり、感心して見ているうちに、私はスザンヌさんが考える住まいを一緒に考えてみたらどうだろうかと思いついたのです。住宅メーカーが広告のイメージキャラクターとして俳優やタレントを起用することはありますが、タレント本人のライフスタイルを表現する住宅をつくるという例はありません。さっそく当社でお世話になっている広告代理店ゆうプランニングの寺原さんに連絡して「スザンヌさんを起用できませんか」とお願いし事務所に連絡してもらったところ、商品開発の快諾を得たのです。

私の会社の開発スタッフと一緒にスザンヌさんがつくり上げたのは、単なるハードとしての住宅ではなく「スザンヌさんの生き方」というライフスタイルを表現した住宅です。熊本につくった「コケット」という名のモデルハウスは大きな注目を集め、今まで私たちの会社とはもともと接点のなかった人たちと、スザンヌさんを媒介にしてつながることができました。

私は、反響の大きさに驚きながら、これをきっかけにしてさらに、タレントだけではなく、ライフスタイルブランドやファッションブランドなど、住宅とは別の業界でトレンドメーカーになっている企業と組んで住宅の共同開発を展開していけるのではないかと手応えを感じていました。オープンイノベーションによって、今までにない魅力的な戸建て商品が生まれる予感がしたのです。

自社単独で商品を開発しても「北欧風」とか「アメリカ西岸風」といった、いわゆる「なんちゃって」商品になりがちです。デザインをなぞるだけになってしまい「本物」にはなり得ません。本物を追求するにはほかの企業ブランドとアライアンスを組み、その企業の世界観を表現して初めて、本物のライフスタイルを提案することができると考えたのです。そして本物のライフスタイルを提案して初めて、それを求める人々の心をグッとつかむことになるでしょう。

また、アライアンスを組むことで得られる効果はほかにもあります。住宅メーカー自身がライフスタイルを提案すると、メーカーとしてのカラーがそれに定着してしまう可能性があります。例えば「北欧風の住宅をつくる会社」というイメージが消費者の頭のなかで固定されてしまうと、和モダンのようなほかのテイストを求める人の選択肢から除外され、顧客が限定されてしまうのです。それではシェアが頭打ちになってしまうので、それを避けるためにも他社のコーポレートイメージを利用してブランドを分ける必要があるのです。そして、そうすることでさまざまな顧客層に対応できることになるのです。ミレニアル世代の方が求める「シンプルな世界観」であれば、それをずっと追求してきた「無印良品の家」を提

社内での企画会議

案し、ナチュラルなテイストを希望されているのであれば「Afternoon Tea HOUSE（アフタヌーンティーハウス）」を提案するといった具合です。あくまでリブワークは表に出ません。こうすることでリブワーク自体に色がつくことはないわけです。

今、自社のアセットにこだわることなく、積極的にオープンイノベーションに取り組むことで、新たな商品やサービスを続々と開発している企業が増えてきています。ところが住宅業界だけが旧態依然としてオープンイノベーションに背を向けているのです。その結果、住宅にはもう何十年も目ぼしい変化がないどころか、ただ機能と価格

スザンヌさんコラボ商品「コケット」

だけの差別化になって魅力を失っているように思います。これだとZ世代と呼ばれている若い世代の方が住宅を購入するのだろうか？　と心配になっちゃいます。
だからこそ、私はコラボレーションに活路を見出しています。きっとそこに住宅の新しい可能性があるはずです。

「ねえねえ、これかわいい！」
あるとき女性社員さんたちがスマホを見ながら盛り上がっていました。若い女性社員が多いのは私の会社の特徴で、私は彼女たちにコラボレーションのパートナーとなる会社候補探しを委ねていたのです。その候補の一つが「niko and ...」というアパレルや雑貨、家具、飲食を総合的に展開する「スタイルエディトリアルブランド」でした。「人や暮らしにスタイルを加えることで自分らしさを創造するしあわせを提供する」というコンセプトをもっています。恥ずかしながら当時私はniko and ... の名前すら知らなかったのですが（ファッションそのものにあまり興味がないもので……）、社員さんが紹介してくれた店舗に行ってみると、上質でおしゃれで、ちょっとユーモアのセンスも感じさせる商品が並んだ店内は若い女性でにぎわっており、一気に私のなかで「これならイケる！」とインスピレーションが湧いてきました。

そこでぜひコラボレーションを依頼してみようと思って、ブランドを展開する親会社の東京・渋谷にある本社に連絡を取り、すぐに訪問しました。ヒカリエのビルに到着するとドキドキしながら受付をし、担当者の方と面談することになり、そこで思いを伝えたのです。「ぜひ一緒に新しい住宅ブランドをつくりませんか。まだどこにもない、新しいコンセプトで。niko and... の世界観を体現できるような、それでいてサステナブルな暮らしを実現した住まいを一緒に立ち上げましょう！」そう私が熱弁すると、「面白いですね！

ぜひ一緒にやりましょう！」と、なんとその場で快諾を得ることができたのです。うれしさが込み上げました。先方としても、niko and ... というブランドを住まいとしてどう表現するか非常に興味があるということだったのです。

住まいという大きな空間を使えば、ライフスタイル全体に及ぶ幅広い形でniko and ... のブランドコンセプトを表現できます。当然、自社ブランド商品の販売拡大にもつながり、新たな商品開発の可能性も生まれるということなのです。

両社からスタッフが集まってプロジェクトチームをつくり、新たな住宅の開発を進め、約半年を掛けて戸建て住宅の新商品をつくり上げていきました。チームを主導するのはniko and ... のターゲット世代でもある、私の会社の女性コーディネーターから選出しました。キッチンやフローリング、壁のクロスやタイルなどをブランドの世界観に合わせて選択し、また家事の動線の考え方や収納、設備の使い勝手なども、住み手の「ペルソナ（具体的な人物像）」をしっかり絞り込んだうえで検討を重ねて完成させたものです。

私たちは、「家づくりを、よりファッショナブルに楽しく。まるで服を選ぶような感覚で、インテリアや住まいを選んでほしい。好きなものに囲まれていると、何気ない日常も

niko and ... コラボレーション住宅

素敵に変わります」というメッセージを添えて、住宅会社が初めてファッション業界とのコラボによって生み出した住宅商品として、発表直後から世の注目を集め、大きな話題を呼んだのです。

ショッピングモールに展示という新たな手法に挑戦

今までお話ししていなかったことがあります。実は私は一度失敗があるのです。

以前熊本一の繁華街「下通」のアーケードの中に出店したのですが、まあこれがまったく売れませんでした。人通りが多くかなりの集客が見込めるのではないかと仮説を立てていたのですが、ファミリー層が少なく結局ほとんど来客がなく閉店することになったのです。ただ顧客層が違っただけで狙いは悪くないはずとの思いを抱きながら次のチャンスを狙っていました。そのときです。「ショッピングモールの店舗に空きが出たのですが、いかがですか?」との話がきたのです。実はひそかにマーケティング課の田中丸くんに調査を指示しており、「おっ、いいじゃない! ここならイケる」と感じ、下通店での失敗の捲土重来を期すのでした。これがショッピングモール向けブランド「スケッチ」の誕生です。この「スケッチ」の商品第1弾をniko and ...とのコラボ商品「ink」に決定しました。

福岡にあるイオンモール福岡に出店したのですが、これは住宅メーカーがショッピングモールの建物内にモデルハウスを設けた、業界初の取り組みになりました。あれだけ毎日何万人というたくさんのお客様が来場されているのに、今までなかったことが不思議です。

しかしながら、集客力は間違いなくあると確信していたのですが、果たして家が売れるのか、その点だけが不安でした。モール内のどの店にも、ダイヤモンドや高級車などの高額商品はありません。日常的な買い物の場であるショッピングモールに1000万円、2000万円という価格の商品を出して売れるのだろうか、思い切って出店を決意したものの見向きもされないのではないか、私は心配で仕方がありませんでした。

しかし、これはまったくの杞憂でした。新たに登場したモデルハウス「スケッチ」には、一般の住宅展示場の実に4倍を超える来場者数を記録し、受注棟数も想定の2倍に達したのです。niko and ...も同じモール内に出店しているのでそこから流れてくる人もいましたが、多くはモールに買い物や遊びに来た若いカップルや友達同士、家族連れが気軽にぶ

インハウス型モデルハウス「スケッチ」

らりと立ち寄ってくれたのでした。

広告の間取りを見るのが好きという人が多いように、誰にとっても家を見るのは楽しい経験です。仮に新築や引っ越しの予定がなくても、家を見ると暮らしの夢が膨らみます。しかし、住宅展示場は家を建てると決めた人が、各社の家を見比べるためにだけ訪問する場所になってきました。優秀な営業マンが手ぐすね引いて待っているということもあり、とても気軽に行けるような場所ではありません。その点「スケッチ」が建っているのはショッピングモール内ですから、「ついでに立ち寄る」「ちょっと冷やかす」ことが抵抗なくできるようになっています。しかもその家はありきたりのつくりではなく、20代、30代のライフスタイルに敏感な女性にアピールできるデザインを備えています。

来場者からは「えっ、月々これくらいで建てられるの？　家賃くらいなんですね。知らなかった」などの声が聞こえてきました。それは総合展示場来場者からはほとんど聞こえてこない声だったのです。自分の家をつくりたいという差し迫ったニーズをはっきりともっている人ではなく、家を見る予定もなかった人たちですから、来場者には意外な発見や気づきのきっかけになったのです。それが来場者数４倍、成約数２倍という数字につながっていったのだと私は考えました。

ショッピングモール内への出店であれば、潜在顧客と出会うことが可能になります。しかもここにはほかの住宅メーカーの姿はまったくありません。潜在顧客との接点を誰よりも早く獲得し、営業活動を進めることができるのです。

思い切ったオープンイノベーションを実施していったこと、そしてショッピングモールへの初めての出店は、いずれも業界初といえるチャレンジでしたが、大きな成果をあげることができました。私たちは、この2年後には同様の形態で大分県最大のショッピングモール「パークプレイス大分」に出店することができ、こちらも非常に高い集客力を発揮しています。

このように日本全国にショッピングモールが存在し、地方ではランドマークになっているところも少なくありません。このインハウス型の出店形態は全国展開を進めていくうえで、今後も大きな武器となっていくことになるでしょう。

第2弾のコラボはAfternoon Teaと

他企業との積極的なコラボレーションによるライフスタイル提案商品の開発は、それまでの住宅市場にまったく新しいジャンルを開拓していくことになりました。私は大きな手応えを感じて、第2弾、第3弾を企画していきました。

第2弾として考えたのが、高品質なライフスタイル提案企業として知られるサザビーリーグが展開している「Afternoon Tea」とのコラボです。サザビーのバッグの愛用者でもあった（高校時代肩からぶら下げていました）私自身がAfternoon Teaというブランドのファンでした。地元のデパートに店舗があり、私は学生時代に立ち寄って、なんて心地良い空間なのだろうと思っていたものです。もしも、Afternoon Teaとコラボして住宅の開発ができたら絶対に楽しいことになるだろう、けれども相手は歴史もあるし世間的な認知度もとても高いので、たぶん厳しいだろうなあと思っていました。私の会社は株式上場しているとはいえ、熊本の小さな会社です。私が連絡をすると「とりあえずお話は聞きましょう」という返事があり、私は千載一遇のチャンスをもらったと思って東京・千駄ヶ谷の本社を訪ねました。

私がそこで必死に熱弁をふるい、力説したのは主に2点です。1つはサステナブル（持続可能）への思いでした。住宅はもちろん、ライフスタイルとしても今、最も大切にすべきことだと考えていたからです。

もう1つは地方創生というテーマでした。少子高齢化と過疎化が進む今の状況を顧みずにいては、多くの優れた資源をもつ地方が本当に衰退してしまうという危惧が私には強くありました。これを打開する起点の一つとなるため、住宅会社と歴史ある有名ブランドとの協働は必ず成果を上げ注目を集めると説いたのです。また、コラボレーション住宅が実現したらまず大分に出店したいということも付け加えました。もちろん、私がこのブランドのファンであったことも。

すると2点とも大いに賛同を得ることができて、先方としても乗り気でコラボレーションの実現が叶ったのです。私自身の夢の実現でもありました。実をいうと、大分出店については、先方から難色を示されるものと思っていました。人気の有名ブランドですから、まずは東京など都市部での展開を優先したがるだろうと考えていたのです。ところがうれしいことに、先方としても地方活性化について前向きに考えており、それに合致すると答えてくれたのです。第1号を大分に出すという案は、私の予想に反してあっけなく承諾を得ることができました。しかも、単に大分に出すだけでなく、九州の素材や名産品を積極的に取り入れたオール九州産の家づくりにしようという話にまで発展しました。今、陶磁器の世界で有田焼をしのぐ人気を博している波佐見焼を使おうとか、大分の木工所で作った地元産の工芸品をプレゼントに使おうといったアイデアもいろいろ出てきて、その日始まったばかりの打ち合わせは、早々から大いに盛り上がりました。

Afternoon Tea HOUSE

パークプレイス大分モデルハウス

私たちは、niko and ... のときと同様に2社でプロジェクトチームをつくって開発を進め、戸建て新ブランド「Afternoon Tea HOUSE」を完成させました。

この新しい住まいは「Afternoon Tea の世界観で、日常生活に心のゆとりを生み出し、豊かな時間を過ごすライフスタイルを表現するもの」と位置づけています。今や国際的な関心を集めるＳＤＧｓ（持続可能な開発目標）の達成に向けた取り組みを積極的に進めた住宅になっており、サステナブルの意義を意識した材料や設備の選定と調達をしています。例えばフローリングは、北海道で計画植林された天然木「ナラ」の木を使用しています。また断熱材には新聞紙を再利用した素材「セルロースファイバー」を使い、地球環境に配慮しているのです。

また、新型コロナウイルスの感染拡大期を踏まえた時代背景も考慮し、リモートワークや、リモート授業にも対応したプライベート空間の配置を進めました。同時に家にウイルスをできる限りもち込まないための配慮として玄関に洗面台を設置する一方で、清浄な空気環境を保つための第一種換気設備（機械力による給気と排気）を採用するなど、コロナ禍による新たな生活スタイルに対応する、細部までこだわりを貫いた住宅になりました。

計画どおり大分の住宅展示場内に第1号店を出展すると、店舗はすぐに展示場内のモデルハウスのなかで第1位の集客数を誇るようになり、その後、千葉、福岡、熊本で4号店までを約1年の間に次々と出展することができました。あるときAfternoon Teaの担当の方に「スピード感がすごいですね。こんなに早く展開していくとは想像していませんでした」とおっしゃっていただきましたが、それくらい異例の速さと成果だったのです。総合展示場の出展企業のなかで集客数1位となり、熱烈なAfternoon Teaブランドのファンが存在することを改めて知って、驚くと同時に、異業種ブランドとのコラボが住まいの新たな提案として強い喚起力をもっていることをしっかりと確認することができました。実際、現在では私の会社の新築受注棟数の35%をコラボ住宅が占めているのです。私は、コラボ住宅はこれからもさらに伸びていくと思っています。

地方の工務店でも手掛けられるように

千葉でモデルハウスに先行して受注が生まれた例でも見られたように、ブランドの喚起力を背景にしたコラボレーション住宅の訴求力は非常に高いものがあります。この住宅を私の会社の営業力や施工力の範囲にとどめる必要はありません。顧客が従来の住宅にない魅力を感じてぜひ建てたいと注文されるのなら、顧客第一を企業理念とする私たちは顧客の期待をしっかりと受け止めて最大限応えていかなければならないと思います。

そこで私の会社が検討しているのが、全国のどの工務店でも――もちろん一定の技術力や工事管理力、施主への対応力は必須ですが――niko and ... の住まいを建てられるようにすることです。フランチャイズ契約（ＦＣ）ということではありません。ＦＣは加盟料を払って入会したメンバーだけで展開しているクローズなシステムで、工法は細部まで決められており資材もすべて本部が供給していて、販売価格にも縛りがあります。私が考えているのはそうしたクローズされたものではなく、基本となるデザインや素材がきちんと守られ niko and ... の世界観を表現するものであれば、その範囲で工務店が自由に受注し、建築できるというものです。私たちはブランドをしっかりと管理し、niko and ... ハウスのプロデューサー役を務めることになります。いわばライセンスビジネスといえると思います。

この新たな取り組みは従来の住宅メーカーを中心にした家づくりの流れを、顧客が欲しいと思う住宅を起点に、それを供給できる業界構造に変えていくことにもなります。さらに、地方の工務店の経営支援になるという考えもありました。しっかりした技術をもっているのに、開発力やブランド力、マーケティング力が足りないために業績の低迷を招いてしまい、廃業を検討している企業も少なくないためです。

イノベーションは創造的な破壊の意味をもちます。私たちは単なる破壊者ではなく、新たな仕組みを構築して、新しい市場を創造しながら進むものでありたいと思います。さまざまなコラボレーション住宅をライセンスビジネスとして展開することは、その一歩にもなります。地方工務店が、自社のオリジナルの住宅だけでなく、コラボレーション住宅をメニューに加えれば、ブランド力を大いに活用することによって地域でのシェアを今以上に拡大していくことができるはずです。コラボ商品と自社商品それぞれでシェアを獲得すれば地域で10％程度のシェアを確保することもできるようになり、売上の成長や経営の安定が見込めるでしょう。

住宅のネット通販、広がり続けるコラボ企画

niko and ... や Afternoon Tea といったブランドとの住宅メーカーとしての初の共同開発事業は、業界の垣根を越えて大きな反響をもたらすものとなりました。単なるモノの販売ではなく、ライフスタイルを提案しながら顧客の毎日の暮らしをより快適にしたいと願う多くの企業が、その会社の世界観やサービスを住宅のなかに表現したいと考えたのです。住まいというハードがあれば、もっと広く、そして深く自社のライフスタイル提案ができるというわけです。

こうして日本の住宅業界になかった異業種とのコラボによるライフスタイル提案住宅というジャンルを開拓できたことで、現在では、コラボに積極的に応じてくれる企業が増え、むしろ先方から申し出をいただくことも増えています。

３例目のコラボレーション住宅は、通販事業を展開する千趣会との提携によるものです。女性のライフステージに寄り添いながら、ワクワクドキドキするライフスタイルを提案し

たいとする千趣会は、「BELLE MAISON DAYS（ベルメゾンデイズ）」というブランドで「ひとつ上の暮らしやすさを提案する生活雑貨や家具」などを販売しています。私の会社とのコラボ商品「BELLE MAISON DAYS HOUSE（ベルメゾンデイズハウス）（仮称）」を通して、新たに住宅購入検討者へのインテリア商品の提案やモデルハウスを活用した顧客との新たなコミュニケーションを展開し、同社が考える暮らしやすさや、その根底に保持しているサステナブルな社会の実現というメッセージを表現していくとしています。また千趣会が培った通信販売のノウハウを活かし、通販カタログや通販サイトなどを活用する戸建て住宅販売で今までにない新たな販売チャネルの展開も計画しています。住宅のネット通販には、私も非常にワクワクしています。

また、基礎化粧品「ドモホルンリンクル」で知られる再春館製薬所も私たちと同じ熊本に本社を置く会社で、同社の「自然の力を人間の力に生かし、誰もが生き生きと年齢を重ねることを応援する」という企業理念の下で、コラボによる住宅開発への取り組みを始めました。

このようにさまざまな業界とのコラボレーションには無限の可能性が秘められています。

例えば住宅まるごとエンターテインメント化するようなエンターテインメント企業とのコラボや、超ハイテク企業とのコラボによる完全自動化住宅など、ワクワクするような夢の住宅の発明も夢ではありません。新たに始まったオープンイノベーションが、旧態依然とした住宅業界の停滞を打ち破る突破口になろうとしているのです。

第 4 章

住宅×テクノロジーで未来を創る

サブスクモデル、カーボンニュートラル、3Dプリンターへの挑戦

目指したのは住宅プランのGoogle化

一般的に注文住宅の場合、どうやって住宅プランをつくっていくかというと、まず営業担当者がお客様からご要望をヒアリングします。例えば「リビングは広く、4LDKで子ども部屋にはロフトがあって、バーベキューするためのウッドデッキが欲しい」という希望を聞き、それに合致するよう設計担当者にその旨を伝えてつくらせるわけです。

あるとき私は入社3年目の設計社員があまりに質が低い提案をしていたので「どうやってプランを考えているの?」と聞いてみました。すると「過去に自分がつくったプランを参考にしながらつくっています」と言うのです。いやいやいやと思いました。入社3年目が今までにつくってきたプランなんてたかがしれています。また新たに考えたところで時間もかかり、たいして経験も積んでいないのにアウトプットできるはずがありません。「ほかの社員のプランもせっかくだから参考にすればいいのに」と言ったところ、共有されていないと言うのです。なんと何十人も設計がいるのにそれぞれが自分のフォルダにデータを格納しているため、ほかの社員は自分以外のデータを見ることができないわけです。なんともったいないことでしょう。すぐに共有化を進めました。

加えて検索機能がついたらもっと自分が必要なものをすぐに探すことができるし、それに作成したＣＧまで入れておけば、そのまま提案できるものもあるはずです。しかしそんなシステムを自社だけで開発できません。それで「ウォークインホーム」というＣＡＤでお世話になっている安心計画さんを呼び、このような検索システムをつくってもらいたいとお願いしたところ、「これは面白いですね！」と快諾してくれました。そして次々に自社のプランをデータ化し共有を進めていたところ、あることがひらめいたのでした。

「岡原さん、一度相談したいことがあるので来てもらえませんか？」

ある日私は安心計画の岡原部長を呼び出し、次のような相談をしました。

「岡原さん、当社のデータだけでなく世の中にあるすべてのプランデータを入れ込みデータベース化し、それを全国の工務店向けにＳａａＳモデルで一緒に事業をやりませんか？」

壮大な構想です。このような課題は私の会社の担当者に限った話ではありません。住宅メーカーや工務店の設計担当者は、ほとんど同じような状況です。住宅を多く手掛ける建築家でも、1000棟を設計したという人はいないはずです。

また、激しい受注獲得競争を展開する住宅メーカーなどでは、受注獲得のために他社より一歩でも早く顧客との接点をもちたいということから、建築士の資格のない営業担当者が自分でプランをつくって持参するといったことも行われています。顧客が楽しみに待っている設計プランは、実はこうしたプロセスでひねり出されているのです。果たしてこれでお客様にとって最適なものを提案することになるでしょうか。間違いなくそこには需要があると思いました。

ただ、今までにシステム開発したことのない当社でそのような画期的なサービスを開発できるのかといった疑問はあると思います。確かに工務店が簡単にやれることではありません。しかし私には勝算がありました。開発技術は長年いろいろなＣＡＤやシステムを開発してきた安心計画さんがいるし、販売面でも工務店とのつながりもあります。そしてコンテンツをつくるのは実際に現場で日々対峙している我々にしかできません。この2社が組めば間違いなく成功するという確信がありました。後日、正式に両社は事業提携契約を締結し、共同開発することになったのです。そしてこの構想は経産省の「新連係支援事業」に認定され、約6000万円の補助金をいただくことになりました。

しかし必ずしも順調に進んでいたわけではありませんでした。プロジェクトメンバーは通常の仕事も兼任でやっていたこともあり、遅々として進まなかったのです。このままだとまずいなと思っていた最中、ある女性が採用面接に来ました。宮本さんという女性で、広告会社に勤めているとのことでした。そこで宮本さんの作品を見たところ、これはすごい……と衝撃が走りました。CGやVRを見たのですが、かなりの完成度だったのです。これはどうしても採用したい、そう思ったのですが、諸事情により最初は採用できませんでした。しかし、どうしても諦められず根気よく誘い続けた甲斐あって、半年後にどうにか採用することに成功したのです。

そこからこのプロジェクトは一気に動き出したのでした。Googleが世界の論文をデータベース化して誰もが閲覧できるようにしたのと同様に、世の中にあるすべてのプランをデータベースに取り込む、そんな夢のようなプロジェクトがスタートしたのです。さらにこのサービスには面積や形状、室名や空間名、素材、特徴のある動線、収納、ガレージなどさまざまな切り口で検索できるのはもちろん、さらにＡＩを組み込むことにしたのです。

ＡＩはどういう属性でどういう志向をもった家族がどんなプランを好むかという解をもっています。そのため、さまざまな条件や要望とともに顧客の属性や志向を入力すれば、ＡＩが最適と考えるプランをレコメンド（推薦）してきます。今後データベースが充実していけば、世の中の数千、数万のあらゆるプランのなかから最適解を瞬時に見つけることができるようになるのです。

また利用者が増えてくると「全国の人気間取りＮＯ.10」のような提案も可能になります。レコメンドから2、3プランを選んで提案し、顧客と議論しながら最終案を仕上げれば、顧客に満足してもらえるものができると思います。それは明らかに一人の設計者が自分の過去プランを応用しながら考えたものより格段に魅力的です。

さらに私たちはこのデータベースと最適解の抽出システムに、クオリティの高いＣＧ（外観パース3パターン・内観パース）を標準でセットしました。最先端のツールであるＶＲも、オプションですが利用可能にしました。この高いクオリティの実現に宮本さんの力が大いに反映されています。抽出したプランを最新のテクノロジーを使って顧客に分か

マイホームロボ

りやすくプレゼンテーションすることができるわけです。

　私たちはこのシステムを「マイホームロボ」と名付け、月額たったの数万円で利用できるサブスクリプションサービスとして全国の工務店向けに提供することにしました。またイニシャル費用（導入コスト）もなんと0円に設定しました。これは、地方の小さな工務店でも導入しやすくしたいという願いからの思い切った判断です。

　多くの工務店は今、伝統的に高い技術力をもちながらも、プランニング力やデザイン力、提案力の弱さから大手住宅メーカーとの競争で苦戦し、経営面でも厳しい環境にあります。そうした工務店に安価で最新のプランニングや提案ツールを提供し、弱点といわれるところを補ってもらえればと私は思っています。このツールがあれば有名住宅メーカーに負けないどころかそれを上回る提案が瞬時にでき、しかも提案はＣＧや最先端のＶＲで行えるのです。

これを一助に、地場の工務店には顧客に喜ばれる家づくりをさらに進めていただければと思っています。全国の工務店でこうした形が標準になれば、工務店の家づくりを今よりもずっと大きく底上げすることにもつながるでしょう。

顧客志向に徹し、自ら伝統の破壊者になる

しかし反面、このようなサービスをどの工務店や住宅メーカーでも受けることができれば、ある意味自社の首を絞めることにもなりかねません。あるとき経営会議でこのサービスについて不安の声が挙がりました。

「このサービスは正直すごいと思います。けれども当社が強みとしてもっていたノウハウ

が使えなくなってしまう。差別化ができずに成約率が下がるのではないでしょうか」

これは当然の意見でした。リブワークの今後を心配しての発言だったと思います。しかし私は言ったのです。

「結局、私たちがこのサービスを提供しなかったとしてもいずれ他社がやるでしょう。どうせ近い未来そうなるなら自らディスラプター(破壊者)となったほうがいいじゃないか」

私は以前から、なぜソニーはAppleになれなかったのか？ と考えていました。特にiPodはソニーなら技術的には作れたはずなのに、なぜ差がついてしまったのでしょうか。それはiPodがユーザーを重視していろんなレコード会社の曲を格安でダウンロードできるようにしたのに対し、ウォークマンはグループ会社（ソニーミュージック）の利益に配慮してコンテンツを保護することを優先し、ユーザーの利便性を最優先することができなかったからだと思います。ハードウエアとコンテンツとの伝統的な関係を自分で壊せなかったのです。

このことは私のビジネスマインドに大きな影響を与えました。顧客ファースト、ユーザーファーストを常に考える、やはりここにも顧客第一という考え方があるのです。

私たちの会社の事業目的は、業界のなかの競争に勝って一番になることではありません。そもそも家を建てることでもありません。顧客の幸せな生活を創造することこそが目的です。その舞台が、別に私たちが建てた家である必要はないのです。１００％顧客志向で、住宅や暮らしに関連するさまざまなサービスを提供することを通して顧客が良い暮らしを手に入れる、それを実現することが私たちのミッションであるはずです。

「マイホームロボ」は私たちが目指すものは何かということを改めて示すサービスになったと思っています。

カーボンニュートラルへの取り組み

「当社は全社を挙げてカーボンニュートラルへの取り組みを行います。また社員の皆さんも全員、家庭でも、プライベートでも取り組んでください。そしてリブワークは世界で最も環境に配慮した企業になりましょう！」

これは２０２１年の社長講話で宣言した言葉です。正直私自身、以前は地球温暖化について懐疑的な考えをもっていました。しかしいろいろと調べていくうちに、これは時間がない、検証しているうちに地球がダメになってしまうとの考えに至るようになったのです。

温暖化による異常気象の頻発は、日々の暮らしにおいて現実的な脅威になっており、世界各地で干ばつや集中豪雨、海水面の上昇、夏の異常な気温上昇による森林火災などが発生し、日本でも私の会社のある熊本は深刻な洪水被害に何度も見舞われています。温室効果ガスとされるCO_2の排出削減は非常に大きな課題です。

そのため世界は今、温室効果ガスの排出を２０５０年まで全体としてゼロにすることを目指すカーボンニュートラルの取り組みによって産業革命以降の温度上昇を１・５度以内に抑え、地球温暖化による環境破壊を食い止めようとしています。そして企業においてもカーボンニュートラルへの取り組みは始まっています。

当社においても前述の宣言以来、ＳＤＧｓ宣言をはじめ、グリムスソーラーと協業して行っているソーラーパネル全棟無料設置サービス、ＴＣＦＤ提言やＧＸリーグ基本構想への賛同、カーボンニュートラル宣言など挙げたらきりがないくらいさまざまな取り組みを行ってきました。そして私たちはこのたび業界で初めての「ＣＦＰ（カーボンフットプリント）宣言登録をしたのです。

私たち住宅建設に関わる事業者は建設の際に生じるCO_2の排出を抑えるために、積極的な取り組みを進めていかなければなりません。ところがここに大きな問題があります。そもそも住宅を建て、そして解体し廃棄するという一連の事業のなかで、いつどれくらいのCO_2を出しているのかということがつかめていないのです。これが分からなければ、どの段階のどういう取り組みのときに何に配慮する必要があるのかが見えてきません。そこで私たちは、自社が1棟の標準的な木造住宅を建てる際にどれくらいのCO_2を出すのか――必要な資材を購入し、それを使って建築し、さまざまな設備を整え、仕上げをする全過程と出来上がった住宅を維持・修繕し、さらに解体・廃棄するまでのライフサイクル、つまり家の一生において、いつどれだけのCO_2が排出されているのか――すなわちカーボンフットプリントを計算することにしました。実はこの作業は、日本のどの住宅メーカーもやっていません。その理由は、算出する項目が膨大で、あらゆるもののサプライチェーンをさかのぼって一つひとつ計算しなければならないので、非常に手間が掛かるものだからです。

それにしても、この作業は気が遠くなるほど大変でした。「製造過程でどれくらいのCO_2を排出していますか？」と設備メーカーに尋ねても、返ってくる答えは「分かりません」だったのです。「この業界は遅れている……」そう思いました。そこで私たちは材木1本、釘1本まで計算し、材木はどこでどのように切りだされ、製材され、どのような手段で輸送されたのか（2tトラックなのか10tトラックなのかまで）、すべて明確にしてCO_2排出量を計算しました。例えばキッチン設備についても、キッチン1台の製作で何tのCO_2が排出されたかというデータは存在しません。キッチンメーカーも算出していないので、私たちが標準的なキッチンを解体し、どれだけの木や鉄や樹脂が使われているか、それぞれの調達や加工、取り付けにどれだけの作業が必要になり、その結果CO_2の排出量はどれほどなのかということを、取っ手1つ、引き出しのレール1本についてすべて数字を出して足していくという作業を進めました。２０２１年に入社した高校時代の後輩である前田くん（現社長室長）が責任者となり、専門のコンサルタント会社2社に依頼し、約半年から1年ほどを掛けて計算していきました。そうしてようやくＣＦＰ登録をすることができたのです（前田くん、よく頑張った！）。

私たちの計算では、建築面積が73・18㎡、延べ床面積が111・58㎡の2階建て木造住宅で、約74tのCO_2を排出していることが分かりました。この数字がどれくらいであるのか、多いのか少ないのか見当がつきにくいかもしれませんが、林野庁の資料では36〜40年生のスギ人工林1haが1年間に吸収するCO_2の量は、約8・8tと推定できるとあります。人工林1haで育てられるスギは1000本から2000本です。これだけの木を約9年間、健全に維持して初めて、家1軒分のCO_2の吸収が可能になるということです。やはり家を建てるということは環境への大きな負荷を掛けるものだということが実感できます。そして、CO_2の排出量削減を図ることは、住宅建設に関わる企業の大きな責務です。

具体的な数字になることで改めてその多さが見えただけでなく、資材の製造段階の排出割合が全体の58・3%を占めていることも明らかになりました。基礎の生コンクリートや外壁サイディング、キッチンやユニットバスなどの製造や資材の輸送場面でも多くのCO_2が排出されています。今後はCO_2低減コンクリートなどを使用することで少しでもCO_2の削減につなげていきたいと思っています。

算出した約74ｔという数字そのものに、今すぐ大きな意味があるわけではありません。これを少しでも減らしていくという目標が見えるようになったのです。また、それ以上に私の会社がカーボンフットプリントの算定に取り組んだのは、これによってほかの住宅メーカーが同じように１棟あたりのCO_2排出量の明示に乗り出してくれることを期待したからです。現在エアコンには省エネラベル表示があり、省エネ基準達成率に基づく省エネ性能が数値で分かりやすく示されています。住宅にも省エネラベル制度は存在するのですが、住宅の生産工程におけるCO_2排出量というカーボンフットプリントを比較するデータはありません。私の会社がCO_2排出量を１棟ごとに計算して表示し始めたことをきっかけに、ほかのメーカーでも表示が始まることを期待しています。いずれ顧客の側でも「あちらは約74ｔだそうですがあなたの会社のこの建物はどのくらいですか？」という質問が出ると思います。「当社は計算していません」では、カーボンニュートラル社会の実現を目指した取り組み姿勢が疑われます。各社が１棟ごとのCO_2排出量を表示するようになり、競争原理が働いて当社のこの住宅は60ｔです、うちは50ｔでさらに環境配慮性能が高いですというように、健全な競争のなかでCO_2排出量が減っていくことを期待しています。

住宅業界がCO_2排出産業から地球環境に優しい業界に生まれ変わるように、私たちはカーボンフットプリントへの取り組みでも先陣を切っていきたいと思っています。

3Dプリンターで家をつくる

「なんだこれは……。まるでiPhoneに乗っているみたいだ……」

私は電気自動車テスラの試乗のために、川崎にあるお店に出掛けたことがあります。運転席に座って驚きました。エンジンが電気モーターに替わっているということは事前に聞いて知っていましたが、運転席で感じたのは私の想像をはるかに超えた未来の車の姿です。20世紀初頭に大衆車が登場してから100年、自動車はここまで変わったのだと深い感慨をもちました。

かつて「ドラえもん」や「鉄腕アトム」などで描かれた未来の家や街は、幼い子どもの心をワクワクさせる夢と憧れで満たしてくれました。ところが、それから50年経った今も

3Dプリンターハウス　デザイン：家所亮二建築設計事務所

実際のところ住宅はほとんど変わっていません。マイナーチェンジばかりを繰り返し、機能性や大きさ、豪華さなどがそれぞれにアピールされてはいますが、家そのものが夢の世界であるようなものはどこにもありません。このままでは家が欲しいという人がいなくなってしまうのではないかとすら感じていたのです。

そのときあるニュースが飛び込んできました。アメリカの企業が将来火星の住居を3Dプリンターでつくるというものでした。正直体が震えました。そして、「これだ！　これこそが家を再定義して家そのものを見直し、住まいにイノベーションを起こす切り札になるはずだ」そう確信したのです。

それからは居ても立ってても居られなくなり、例によって3Dプリンターに関係するさまざまな企業や研究機関を訪れました。そこで分かったのは、日本ではまだ3Dプリンターによる住宅建設はなされていない、日本の建築基準法ではなかなか難しいとのことだったのです。私は前例がなく難易度が高ければ高いほどテンションが上がります。どこもやってないなら私がやろう！　と思ったのですが、ただ自社だけでやるにはハードルが高過ぎます。私は次に、どこと組むのが実現可能性が高いのかを調査しました。そして浮かび上がったのがＡＲＵＰ（アラップ）という企業だったのです。

ＡＲＵＰとは、イギリスのロンドンを拠点にグローバルに事業を展開するエンジニアリング・コンサルティング会社で、私たちはそこの日本法人と開発に関する業務委託契約を結んだのです。この会社は約１万７０００人の設計者とアドバイザー、専門家を擁し、これまで世界１４０カ国でさまざまなプロジェクトに携わっています。なかでもオーストラリアのシドニーのオペラハウスや、パリのポンピドゥーセンター、中国の北京国家体育場など世界屈指の建築物の構造設計を手掛けており、建築構造界のガリバー的存在です。ザハ・ハディッド氏が最初に提案したあの東京の新国立競技場の流線型モデルも、日本のメンバーが構造計算に携わっていたと聞きました（結局コストの問題で流れてしまい現在の国立競技場に変更になりましたが）。頼もしいパートナーであり、現在、私たちはプロトタイプ住宅の企画設計を進めています。

まだ詳しいことはここでは書けませんが、一ついえることは今までの住宅の概念が変わるということです。そして３Ｄプリンターを使って単なるコンクリート住宅をつくるということではなく、コンクリートに代わるマテリアル（素材）も研究し、人々にとってサステナブルで居心地がいい住まいを提供したいと考えています。2023年の5月には熊本の廃校となった小学校を利活用して「リブワークLABO」をつくり、そこで3Dプリンターハウスの製造を開始する予定にしています。今まさに海外で（どこの国なのかはまだ秘密です）3Dプリンターを生産しているところで、もうじき届くことになっています。その後まずはモデルハウスをつくり、最初は平屋の建物を、建築確認申請を必要としない都市計画区域外で建てる予定です。その家を活用して各種センサーでさまざまなデータを収集しながら、現行法令のもとで建設・居住が可能な住宅に仕上げて市販を展開していきます。一気に多方面に応用できる市販品の開発へと向かうのではなく、テスラが歩んできたように、上位モデルから段階的にステップを踏んで量産型モデルの開発へと進んでいきたいと思っています。

また3Dプリンター住宅は量産すれば一戸あたりのコストを抑えられる可能性があり、プリンターさえ設置すれば施工は容易で、施工にあたっては熟練工も必要としません。途上国などで住宅を必要とする低所得者層への住宅提供や災害時への仮設住宅の供給などに活用することもできますので、国際貢献・社会貢献も視野に開発を進めています。そして将来的には月や火星といった宇宙開発事業への貢献などもできたらすばらしいですよね！

イノベーションの方程式とは

ここまで当社のさまざまな取り組みを長々とご紹介してきました。序盤でイノベーション方程式について触れておきながら、なかなか答えを提示せず、すみません。しかし、ここまでお読みになってくれた方ならば、もうお分かりかもしれませんね。

イノベーション方程式とは

①既存事業×ＴＥＣＨ（テクノロジー）
②既存事業×サステナブル
③既存事業×オープンイノベーション（他社との提携）

当社であれば①住宅×ＴＥＣＨ、②住宅×サステナブル、③住宅×オープンイノベーション、となるわけです。これだけだと分かりづらいかもしれませんので、もう少しかみ砕いてお話しします。

①の住宅×TECHですと、インターネットやYouTubeというテクノロジーを使った集客事例をご紹介しました。集客方法をテクノロジーの活用で変えたわけですね。今後6G時代が到来すると、メタバースやその他の技術によって再び集客方法がガラリと変わるかもしれません。また3Dプリンター住宅などは、生産方法をテクノロジーを使って変えた事例です。ほかにもドローン技術を使って変えることができるかもしれませんし、AIを使って変えることだって可能になるでしょう。

例えば回転寿司は、ロボットを使って提供の仕方を変えた事例です。このイノベーションは巨大な産業を生み出しました。寿司を握るという職人による洗練された技術が必要であった分野をロボットに置き換えて成功した事例ですね。またウーバーは既存のタクシー業界にネットを組み合わせて新しいサービスを生み出しました。それだけではありません。ウーバーのあれほど高い企業価値は、その先にある「自動運転技術」を見据えてのものだといわれています。また例えば塗装業の場合では、AIとドローン技術を組み合わせてビルの塗装を自動化させることができれば、足場や職人が不要になりかなりのコストダウンにつながるでしょう。

このように自分の業界と最先端のテクノロジーをかけ合わせれば、無限に次々とアイデアが出てくるのではないでしょうか。

②の住宅×サステナブルではカーボンフットプリントの事例をご紹介しましたが、別にこんなに難しく考えなくてもかまいません。Z世代やアルファ世代と呼ばれている若い世代の人々は、サステナブルというキーワードなしでは語れません。この世代の人々はどんなに性能が高くてもサステナブルでないと分かれば振り向かないのです。

そのため、企業は今やっている事業で素材を自然素材なものに変更する、生産工程をサステナブルにするなど考えていく必要があります。石油製品を自然由来のものに変更したり、生産を発展途上国の人々や障がい者の人々の協力を得て生産したり、スターバックスのようにフェアトレードでの取引をしたりすればいいわけです。

例えばオールバーズという会社をご存じでしょうか。アメリカのシューズメーカーなのですが（私もこのスニーカーを愛用しています）、昨年アメリカで上場を果たしました。売上高が2020年度250億円程度だったのにもかかわらず、上場時の時価総額はなんと5000億円だったのです。オールバーズという会社はシューズメーカーという位置づけでは投資家は見ていません。サステナブル企業として評価しているのです。地球環境に配慮し自然由来のものを使ったソールやペットボトルを再利用した靴紐などただの靴にこれでもかというくらいのエコが詰まっています。当然カーボンフットプリントを表示しCO_2を減らす努力をしています。このようにサステナブルという要素を入れるだけでそれこそ何百倍もの価値を生み出すことになるのです。

大豆ミートも同じ考えです。牛をなるべく減らし牛から出るメタンガスを減らすことで地球温暖化への影響を少しでも減らそうということなのです。加えて動物保護という観点もあるかもしれません。大豆ミートで作ったハンバーガーを食べたのですが牛肉とほとんど違いが分からないくらいに技術が進んでいます。この大豆ミートなどの代替肉を開発販売しているアメリカのビヨンドミートという企業は上場時に時価総額4200億円という高い評価を受けています。

どうでしょうか。このように既存の事業にサステナブルという視点を入れるだけでとんでもない価値を生み出すことになるのです。

最後に③のオープンイノベーションですが、こちらはniko and …やAfternoon Teaなどがそれにあたります。企業は無数にあるわけですから、いろいろな視点で組み合わせていけば、とんでもないイノベーションが起こせるはずです。ライフスタイルだけでなく、例えば素材メーカーと連携したり、エンターテインメント企業とコラボしたりロボット企業と提携したりと、考えればワクワクするようなイノベーションのアイデアが湧いてくるはずです。「うちは昔からこうやってやってきているから」と諦めてはいけません。逆にそのような業界だからこそ、大きなチャンスが生まれるのです。

さて「イノベーション方程式」はいかがだったでしょうか。「これなら自分だってやれる」そう感じられた方も多いのではないでしょうか。しかし、考えるだけではイノベーションは起こせません。すぐに実行してこそ実現するのです。
さあ今すぐこの本を置いて、実行に移しましょう！

第5章

革新的な経営戦略で住宅業界のプラットフォーマーを目指す

イノベーションを起こし続ける企業へ——

常に変革を続けていく組織であるために

このように私はさまざまなイノベーションを起こしてきましたが、これを実現までもっていき、会社を成長させていくのは自分一人では到底できません。1999年に2代目社長となってから24年、最初は会社経営も住宅建築業もいずれもまったくの素人でしたが、かえってそのことが幸いして会社を大きく成長させることにつなげることができました。その成長を根底で支え続けてきたのは社員であり、その社員を同じ方向にもっていき組織をより強固なものにしてきたのは企業理念だったのです。そして理念を浸透させるためさまざまな努力をし、私は社員に向かってさまざまな場面で発信を続けました。そしてそれだけではダメなのです。実際に行動が伴うことが必要となります。お客様が大事だといいながら、社員が社長との打ち合わせ中にお客様からの電話に出たりすると「お客様と俺とどっちが大事なんだ」と言って怒ったりして矛盾した行動を取ったりしたら、企業理念は絵に描いた餅になってしまいます。

理念を浸透させるには社員への絶え間ない発信と、それに矛盾しない行動の両方が重要なのです。

私が会社経営を担うときに考えた「顧客第一主義」「世界中に感動を発信」「顧客の夢実現」という3つの理念は24年間のさまざまな取り組みを振り返っても、すべてに当てはまります。自社で住宅を手掛けるだけではなく、本来はライバルともいえる工務店の営業支援になるようなサービスも開発しました。それも理念にのっとって進めてきたことです。普遍的なものだったからこそ古びることなく、あらゆる事業の根底に貫くことができた原則です。

抽象的な理念一つに、それほどの力があるのかと思う人がいるかと思います。確かに理念は多くの企業が当たり前のように掲げながら、そのほとんどがまるで神棚に祀り上げられているようになっていて、日々の事業や行動とは無縁なものになっているように見えます。しかし、私は理念を社員一人ひとりの行動を律する実践の指針として力をもったものにするため、経営者はそのことを繰り返し説き、分かりやすく伝える努力、そして行動を示していかなければならないと思います。私の会社の大きな成長が可能となったのもこの理念の浸透を図れたからこそだと考えるためです。

理念を言葉にすること自体はそれほど難しいことではありません。しかし、日々の行動を導く指針として、会社組織のすみずみにまで血となり肉となって実際に日々の企業活動を貫いていくのは簡単ではありません。私たちは常に理念に立ち返り、理念が本当に実践できているかどうかを点検することが必要です。

例えば理念の冒頭に掲げた「顧客第一」についても、私はいろいろな機会に取り上げ、その意味するところを語ってきました。

私が本来の「顧客第一」を最もよく語っていると思うのはAmazonです。Amazonが4つの理念の第1に「お客様を起点にすること」を掲げ「地球上で最もお客様を大切にする企業になることを目指す」と宣言していることはよく知られています。以前Amazonの本のなかでこんなことが書いてありました。今どうなっているかは定かではありませんが、Amazonの役員会議室には実際には誰も座らない席がCEOであったジェフ・ベゾスよりも上席に1つ確保されているそうです。これは顧客が座る席なのだそうです。この席があることで会議の出席者は常に「この施策を顧客はどう考えるだろうか」「それは顧客への価値提供になっているのか」という顧客第一の視点での考え方の必要性を思い出しているわけです。「顧客第一」というのは誰が誰にお金を払っているのかという金銭のやりとりの話ではありません。企業は顧客への価値提供を目的とし、それが企業の社会的な存在理由だからこそ常に顧客第一なのです。

私自身、Amazonの顧客第一への徹底ぶりに驚いた体験があります。２０１１年３月11日、東日本大震災のときでした。たまたま私は前日にAmazonを通して東京の友人に荷物を１つ送っていたのです。しかしニュースを見ると東北だけではなく東京を含め東日本全体が大変なことになっていました。東京も交通が完全に麻痺して「帰宅難民」のような人々が続出している状況であり、これでは送った荷物が届くのが１週間先、２週間先になっても不思議ではないと思っていました。ところがその日の夕方にAmazonから私のもとに、少し遅れるかもしれないとの旨の連絡があったのです。今日の到着予定が明日の午前中になるとのことでした。ニュースで東京の状況は分かっていたのでおそらくは１、２週間は遅延するだろう、そう思っていた矢先でした。「いやいやそんなに無理しなくてもいいですから」そう伝えると「ありがとうございます」と電話が切れたのです。私は感動し、Amazonはなんて顧客思いのすごい会社なんだと思いました。そして次の日しっかりと友人のところに荷物は届いていたのでした。

逆の事例もあります。社長に就任してまだそんなに日が経っていない頃のことでした。ある建材メーカーのセミナーがあり参加していました。かなりの行列ができていてやっと座れる状況になり、ホッと一息コーヒーカップに口をつけたそのとき、その建材メーカーの担当者が「副社長が呼んでいます。今すぐこちらに来てください」と言うのです。今コーヒーを頼んだばかりということを分かったうえで、そのようなことを言ってきたのでした。この会社はお客様を見ずに社内の上のほうばかり見ている会社なんだと、非常にがっかりしたこともありました。

私たちはこのようなことがないよう常にお客様を優先し、次に会社を、そして次に社員を、最後に協力業者をというふうに優先順位を定めているのです。先ほどの例でいうと当社ではコーヒーを飲んでもらうまで待ってもらい、それから副社長のところへ案内すべきなのです。副社長よりお客様を優先しなければなりません。当然上司とのミーティングの際にもお客様から連絡がきたら連絡を取ることが許されています。また社員が休日のときお客様から緊急の連絡がくる場合があります。働き方改革が叫ばれている現在、休日に社員に連絡を取ることがタブーとされる傾向にあります。しかし当社では「緊急性が高く」「重要性があり」「その人しか対応できない」場合にはたとえ休日であっても連絡することができます。採用のときにしっかりと顧客優先の考え方を伝えているためこの方針に不満をもつ社員はいません。こうして私たちは顧客第一主義を言葉だけでなく常に実行しているのです。

世界中に感動を与えるものとは

私が理念の第2に掲げたのは「世界中に感動を与えるものを発信する」ということでした。企業が顧客の求めるものを提供し、顧客の期待に応えるのは当たり前です。しかしそれだけでは私の会社の仕事は終わらないどころか、不十分だということです。

いかに感動を提供できるかがプロの仕事だということを社員に徹底して強調し、そのために社員が自由に決済できる資金まで提供しているのがホテルのザ・リッツ・カールトンです。誕生日にサプライズでシャンパンのプレゼントがあったなど、多くの人がそこから生まれた感動のエピソードを紹介しています。私も会社の経営を始めた初期の頃、何が違うのかを知りたくて東京ミッドタウンにできたばかりのホテルにすべての社員を連れて泊まりに行きました（頑張って奮発しました）。田舎から来た若い私たちが宿泊するには場違いな空間でしたがスタッフの方々は馬鹿にするでもなくしっかりと対応してくれました。そしてエレベーターの中でスタッフの方が「明日はどちらに行かれるのですか？　何かご不便な点はございませんか？」と聞いてこられたのです。スタッフ一人ひとりの振る舞いや心くばりの深さに感銘を受けました。その後すぐに私の会社でもコーディネーターにはいくらかの自由に使える枠を用意して、それぞれが自分で考えて期待を超えた感動の提供ができるように、実践してもらうようにしました。

またAmazonの東日本大震災時の対応のように、私に期待を超えた感動をもたらしてくれた体験があります。それは歯の治療に行ったときのことでした。

新しく開業した歯科医院で、その日は初めて本格的な虫歯の治療をしてもらいました。帰宅後、もう夜になっていたと思いますが、その先生から電話が掛かってきました。何事かと思ったら、今日治療したところに痛みが出たりしていないかと聞かれ、びっくりしました。特に治療が大変だったとか、イレギュラーなことがあったわけではありません。ごく一般的と思われる虫歯の治療でした。実際痛みもまったくないし、普通に食事もしていました。まさか先生が直接電話をくれるなんて思ってもみませんでした。私はこの瞬間、非常に感動して、この先生には一生診てもらいたいと思いました。期待を超える感動にはこういう力があります。私たちは常にお客様の想定を超える感動を与えることが義務づけられているのです。

顧客を選ばず、その夢を実現すること

私の会社の理念にある顧客の夢の実現ということも多くの企業が唱えていることです。しかし実際には、企業活動のなかで顧客を選ぶということが当たり前のように行われています。例えば私自身が直接お客様に聞いた例に、こういうものがあります。住宅展示場に出掛けて、ある住宅メーカーのモデルハウスに入り聞かれるままに勤め先を答えたら、そ

の途端に対応が冷たくなって案内もしてくれなかったというのです。この人はうちの顧客層ではない、それなら対応に時間を使うのが惜しいと選別されてしまったわけです。そのお客様は本当に悲しそうでした。そして悔しかったに違いありません。そのメーカーは自分の会社を儲けさせてくれて、自分の営業成績につながる顧客かどうかしか眼中にないのです。企業としては「顧客の夢の実現」や「顧客の幸せを願う温かい心」を行動規範として掲げていても実践しなければ意味がありません。実践できないなら掲げてはいけないと思います。

私の会社で顧客を選ぶことはありません。どうしても予算が合わず顧客の収入では住宅ローンも必要額が借りられずに希望の家が建てられない、という場合はあります。しかしそういうときでも、例えば土地をこのくらいの面積に抑えて間取りはこう工夫して床面積を小さくしてはどうかとか、頭金をここまで用意してローンの借入額を抑える手があるとか、さまざまな解決策を提案しながら、一緒に夢の実現に向かっていきます。この顧客でいくら売り上げ、どのくらいの利益を確保するかではなく、なんとかして顧客の夢を叶えたいと思えば住宅のプロとして提案はいくらでも出てくるのです。

大きくなった組織をいかに掌握し続けるか

４人でスタートした私の会社は業績の拡大と並行して社員数も増えていき、６年後には20人ほどになりました。その後は毎年新卒採用を続けてきましたので、現在は３００人を超えるほどの規模になっています。20人なら一人ひとりが気持ち良く仕事に取り組むことができているか、なんとか目が届きます。しかし20人を超えると難しくなります。インセンティブ制度や株式の付与などを通して「全員が経営者」というオーナーシップ経営を進めていることから、仮に目が届きにくくなっても組織の一体感を維持する基盤はあります。それにしても日常業務をきちんとコミュニケーションを取りながら維持していくために、拡大し続ける組織をいかにまとめていくかは経営の大きなテーマでした。業績の拡大と並行して社員数が増えるのは当然のことです。それは成長に欠かせないパワーです。しかしそれが組織の分散化やコミュニケーションの停滞を招かないようにしなければなりません。そこで取り組んだことの一つが「ユニット式経営」でした。

これは組織を3人から最大4人の少人数チームにして1人のリーダーが掌握するという方式です。従来は組織の最小単位である課が15人くらいで構成され課長1人が全体を見ていたのですが、これでは到底目が届きません。例えば毎日15人分の日報が上がってきたら、とても全部に詳しく目を通すことはできないのです。他方、部下も、仮に相談したいことがあっても忙しそうな様子を見て遠慮してしまいます。1人の人間がきちんと一人ひとりの面倒を見られるのは4人ぐらいが限界です。

この、4人が限界という考えは私自身のある体験から考えついたものです。それは、無人島まで友人たちとカヤックを漕いだときのことでした。実は私は1年に1度、高校時代の友人、岸くん、星子くん、高本くんという全然職業も違う同級生と旅に出ることにしています。4日間ぐらい、リフレッシュのために無理やりスケジュールを空けて出掛けることにしているのです（社員の皆さんごめんなさい）。今まで富士山の日の出を見に行ったり、箱根駅伝のコースを自転車で回ったり、しまなみ海道を自転車で横断したりなど、毎回過酷な旅を行っています。いろいろなことを企画するのですが、都市を離れ自然のなかで体を動かし、社会的な身分や肩書きをすべて忘れて友人たちとの時間を楽しみます。友人たちも、私がちょっとでも社長風を吹かすと「ちかしゃん、謙虚さが足りんばい」と言って冗談めかしながらも遠慮なく叱ってくれます。

無人島に行くためにカヤックを漕いだのは、その旅でのことでした。4人で漕いだ際に、私はばれないだろうとたかをくくって、さも頑張って漕いでいるようなふりをしていたのですが、すぐにばれてしまいました。岸くんから「力入れてないでしょ？　ダメだよ、さぼっちゃ」と見事に図星を指されたのです。

そのときに思ったのですが、4人だと一人ひとりの力の入れ具合はほかのメンバーに伝わるのです。しかしもし10人で漕いでいたら1人ぐらいさぼっていても分からないと思います。100人ともなれば、5人、6人が力を抜いていても絶対に分かりません。

やはりチームは少人数に限るのです。誰が何をしているか、互いのことが分かります。会社組織も少ない人数の単位で管理をしていくことが重要なのだと実感し、会社組織も4人単位の少人数編成にして1チームに1人のリーダーを付けようと思いました。

少人数の組織を単位とした経営管理手法といえば、京セラ名誉会長だった故稲盛和夫氏が進めたアメーバ経営がよく知られています。組織を独立採算で運営する小集団に分け、そこにリーダーが付き、共同経営のような形で会社を動かしていくものです。会社経営は一部の経営トップのみが行うものではなく、全社員が関わって行うものという稲盛氏の考えが貫かれているといわれています。

共感するところは多いのですが、私の会社ではすべてを独立採算制にすることには無理があります。経営の単位にはできません。しかし、4人という少人数単位のユニットにすることは魅力があり、実行しました。4人までなら上司は部下の様子がよく分かり、チームとして統括することも容易です。部下も上司に伝えたいことが伝えられ相談がしやすくなります。効果は非常に大きく、チーム内のコミュニケーションが密になることで生産性が飛躍的に高まり、組織を再編した翌年は受注率が200%の増加となって表れたのです。また生産性だけでなくそれに加えてリーダーの早期育成という観点からも良い制度です。課長になるまではやはり相当な時間を要します。しかしながらユニットリーダーは早ければ2年程度でなることができるのです。ユニットリーダーとなりリーダーとしての心得を学び将来の幹部候補として続々とリーダーが育てられるのです。

すべてをナレッジとして共有する

「この仕事はね、俺にしかできんとだけん」そのようにドヤ顔でいう社員が以前当社にもいました。このような社員が読者の皆さんの会社にも結構いらっしゃるのではないでしょうか。

日本の会社の傾向として、人に仕事をつけるということが多く行われます。いわゆるメンバーシップ型雇用ですね。当然、その人が辞めれば仕事が分からなくなります。職人的・属人的な制度で、この仕事はあの人に投げておけばなんとかしてくれるだろうというものです。

しかしこれでは顧客にとっては、担当者によって当たり外れがあるということになります。顧客は会社に相談し、会社と契約するのであって、担当者が誰になろうが、同じように納得がいく、良い家づくりができなければ困ります。担当者を選べるわけでもありません。新人であろうがベテランであろうが、課長であろうが部長であろうが、あるいは担当部署の経験が長かろうが短かろうが、それは会社が自分の都合で決めたことであり顧客にはなんの関係もないことです。誰もが同じレベルの仕事をしなければなりません。

そのためにはシンプルオペレーションという形を取る必要があります。各業務を分解して簡素化し、徹底的に仕組み化して誰でも実行できるようにマニュアルに落とし込むのです。ノウハウや知識、失敗や成功の体験を属人化させず組織共通のナレッジ（価値の高い情報）として蓄積していきます。

ただし分厚いマニュアルを作っても誰も読みません。そこで細かいテーマごとに電子マニュアルを作成し、ノウハウをデジタルで蓄積し共有していくことにしました。例えばＶＲの作り方を調べたいとします。電子マニュアルで「ＶＲ」と検索するとＶＲの作り方の解説動画がＵＰされています。それを見ながら新人でもＶＲを作成することができるようになるのです。当社では１カ月もすればＣＧやＶＲを誰でも完璧に作成することができるのです。

それに電子マニュアルがあれば何度も同じことを教える必要がありません。新人は毎年入ります。そのたびに同じことを繰り返していくのは非効率です。一方の新人の側では先輩社員から「分からんときは遠慮せんで聞いて」と言われても初歩的なことをいちいち質問していいのか、先輩や上司が大変ではないかと遠慮しがちになります。しかしデジタル化されたマニュアルがあれば、入社して間もない段階でもいつでもどこからでも自由にアクセスして参照し、学びながら仕事ができます。私の会社ではすでに１０００を超える電子マニュアルが日々活用されています。

デジタルによるナレッジを共有することの良いところは、単に手軽で分かりやすいということにとどまりません。知識やデータを蓄積したり差し替えたりしながら、内容を常に豊富にして、またアップデートすることが簡単なので、どんどん中身を進化させていくことができるのです。電子マニュアルシステムがあるということ自体が、ナレッジを組織的に蓄積していくことができるようになり、社員全員の共有財産にしていこうというマインドを育て、その受け皿となっていきます。極端にいえば優秀な社員が辞めたとしてもそのナレッジやノウハウは会社のものになり引き継いでいけるわけです（なんと退職の方法もそのマニュアルのなかに記載があります）。

私の会社は短期間に大きく成長したことから、新人が毎年何十人も加わるということが続きました。そうした過程で教育研修システムも走りながらつくることになりましたが、そのなかで電子マニュアルをベースにしたナレッジシェア経営の取り組みは非常に有効でした。

ダイバーシティ経営で組織の活力を上げる

「ダイバーシティ経営の推薦をしたいので一度面談をしたいのですが」

突然九州経済産業局の担当者から連絡がありました。聞けば当社が経済産業省のダイバーシティ経営企業１００選の候補として名前が挙がっているとのことでした。確かに当社は女性社員が多く活躍していました。しかしながら大手が数多く選ばれているダイバーシティ経営企業に選ばれるとは考えてもいませんでしたし、また当時そのような意識もありませんでした。女性を特別扱いせず、自社に必要な当然の存在として見ていたからです。

ダイバーシティ経営とは「性別、年齢、国籍、障がいの有無などだけでなく、職歴や経歴なども含む多様な人材を活かし、その能力が最大限発揮できる機会を提供することで、自由な発想が生まれ、新しい商品やサービスなどのイノベーションを生み出し、価値創造

平成25年度ダイバーシティ経営企業100選表彰式

につなげている経営」を指しています。日本企業が競争力を高めていくために、必要かつ有効な戦略であるという認識から、国がその点で評価できる企業を顕彰しているもので、特に私の会社は、建設業界では珍しく女性が活躍し成長の大きな原動力になっている点が評価されているようでした。

当時は社員総数74人のうち半数近い35人が女性で、女性の管理職比率も14・３％に達していました。住宅・不動産業界は特に働く女性の割合が少なく（２０１０年国勢調査の数字で約15％）また転職率が高いことでも知られ、女性が長く働くのは困難と考えられていました。そのため私の会社の女性比率の高さや活躍の大きさが特に注目を集めたのです。その結果、私の会社は2014年に、経済産業省のダイバーシティ経営企業100選（大臣表彰）に選ばれました。ダイバーシティ経営企業100選に選ばれて以降、会合などで経営者の仲間に会うと決まっていろいろな社内規程の整備などが大変だったでしょうと聞かれたものです。

しかしこれは誤解です。私の会社は社内規程の整備を進めたことで100選に入ったわけではなかったからです。例えば女性に関係する制度としては産休や育休、育児短時間勤務、社内保育所の整備などがあり、ほかにも介護休業があります。別に私の会社でこれらの制度について国が求めるもの以上に充実させたということはありませんでした。選ばれたのは別の理由です。

それは「一人のために制度をつくる」という考え方とその実践に対する評価でした。

私は制度をつくるのではなく、その前に一人ひとりと対話し、事情に応じてその人が継続して働くことができる環境を整備すればいいと考えたのです。一律に制度をつくっても、その適用条件にわずかに合わないといったことはいくらでも起こり得ることです。制度ありきではうまくいきません。そうではなく、人ありきでまず事情を聞き、最適な解決策を一緒に考えていくということを実践したのです。

例えばある社員さんの事例で、こういうことがありました。

「社長、今までお世話になりました」

ある女性社員がこのように言ってきたのです。それまでまったく辞めるそぶりも見せなかったので「えっ、どうかしたの？」と尋ねたところ、聞けばその社員の夫は全国転勤のある職業で、熊本から関東に異動することになったと言うのです。そのため、彼女は私のところに挨拶に来て、夫の転勤に合わせて引っ越すことになったので退職すると言い、会社を辞める前提でした。実際、当時の私の会社は熊本以外に勤務地はなく、会社に在宅勤務制度もありません。リモートで仕事をする環境ももちろん未整備でした。

その女性はデザイナーで、デザイン能力も高く仕事もきちんとする人で会社としても貴重な戦力でした。私はなんとか仕事を続けてほしいと思ったのです。そこで「引っ越しても在宅なら仕事ができるのではないですか？」と聞くと、それはそうだが、会社に在宅勤務規程がないと言うのです。そこで私が「規程ならつくります。パソコンや必要な備品があれば、なんでも持って行ってください。ぜひ向こうでも仕事を続けてくれませんか」と言うと、途端に明るい顔になって非常に喜んでいました。

規程などはあとから書き換えればいいことです。実際、すぐに在宅勤務規程を追加して、その女性が継続して仕事ができるようにしました。女性はその後、再び熊本に戻ったので、今はもう一度本社で勤務しバリバリ頑張ってくれています。最初の引っ越しのときに退職しないで済んだことから入社以来勤務が継続して、本人のキャリア形成のためにも、また会社の業務の質を維持する意味でも非常に良かったと思っています。

もう一人、女性社員さんの例があります。

現場で工事検査の仕事をしていた人で、非常に真面目で仕事も丁寧にやってくれていました。ある日相談があると私のところに来て、病院の検査でがんが見つかって入院することになったと言うのです。私はとにかく今は治療に専念するように伝え、規程どおり休職扱いで会社への在籍を継続しました。ところががんがかなり進行していてすぐに手術もできず、入院期間も長くなったことから、病気による休職期間のリミットの6カ月が経過してしまったのです。休職中の社会保険料関係は会社が負担しています。総務の担当者からはどうしましょうかと相談もきました。

「僕は絶対に辞めさせることはしない」そう言って規程に一行だけ付け加えたのです。「ただし、社長が認める場合は上記の限りではない」こうして延長することが決まったのでした。

しかし残念ながら、その後、彼女は体調を崩して亡くなり、女手一つで育てていた子どもを彼女の母親（おばあちゃん）が世話することになりました。おばあちゃんがあるとき会社を訪ねて来て、子どもを残していかなければならないということで娘はたいへん悲しみ、また心細くも感じていたが、会社の皆さんが励ましてくださるだけでなく休職延長もしてくださってとても喜んでいた、と話してくれました。それに在職期間が延長されたことで年金の支給要件が整って給付を受けることが可能になり、安心して暮らしていけると感謝もしてくださいました。

本人は亡くなってしまいましたが、その人の状況に合わせて会社として最大限やれることはやり、規程も変えていったことが、文字どおり感謝にもつながったのです。さらにこれにはうれしい後日談もありました。残された彼女の遺児が成人されて、つい最近私の会社で家を建ててくれたのです。

ダイバーシティ経営は制度ありきの話ではありません。社員一人ひとりのためにそのときに合う形で制度をつくればいいのだと私は考えているのです。

一人ひとりの思いに向き合い、それを汲み取って最適な答えをそのたびに考えていく、その努力がダイバーシティ経営だと思います。超高齢社会といわれる昨今、これからは親の介護といった問題もさらに大きくなると思います。介護休業規程を整えることも必要ですが、最も大事なことは、一人ひとりに合わせて柔軟な対応を考えることなのです。

デジタルの活用で全社員と向き合う

「社長、今日もご飯行きましょう!」以前ならみんなでよくご飯に行っては夜遅くまで会社の将来を語り合っていました。しかし、社員が増えることでなかなかみんなとコミュニケーションを図ることが難しくなってきます。従来の企業は役員と中間管理職を媒介にして、トップから一般の社員までの情報伝達ルートをつくってきました。社長は役員に伝え、役員は配下の中間管理職に伝え、そこから全社員へ伝えるという、上から水が流れ落ちる

YouTubeチャンネル「Lib Work IR ch」

ようなスタイルです。経営コンサルタントなども、社長が前面に立つ必要はない、そのために中間管理職がいるという言い方をよくしています。

しかし、これは一世代前のいわば時代遅れの考え方だと思います。今はデジタルツールが発達しています。社長一人対社員何百人、何千人という、昔なら困難なコミュニケーションも、デジタルツールを使って動画で配信すれば簡単に成立します。視聴するほうも同じ時間に同じ場所に集う必要はありません。いつでもどこでも視聴できます。管理職に任せることなく私はむしろ社長が一般社員の前に積極的に出るべきだと思います。以前、経済誌の取材記事を通して社長の考えを社員たちが初めて知ったという話を耳にしたことがあり、これではいけないと思ったこともコミュニケーション改善のきっかけの一つでした。

今、私はこうしたツールを活用して、月に1回、自分の考えていることや社員に求めたいことなどを社長講話として配信しています。また、重要な経営判断をしたときは、その意図、背景などについてできるだけ早くYouTube（リブワークIRチャンネル）を使って社員に伝えるようにしています。

また、会議では拾うことのできない社員の声があります。社長によっては役員や部長以上の管理職としか話をしないという人もあると聞きますが、私は入社1年目の社員とも誰とでも積極的に話をします。そうすることで社内の雰囲気や幹部社員とのズレを把握することができるのです。

さらに、組織が大きくなると縦割りになってしまいがちで、部署間のコミュニケーションも停滞しがちです。これは日常の業務ではなかなか解決できません。そこで、社内でできるだけ人が交流する機会を増やすことができるようにサークル活動に力を入れるようにしました。以来、フットサルやゴルフ、テニス、山登りなど多彩なサークルが誕生し、部署横断の人間関係づくりの場になっています。ちなみに私もテニスとゴルフサークルに所属しています。

7つのバリューを大切にする

理念を日々の業務のなかに貫くためには、理念そのものをそれぞれが納得して理解したものとして身につけてもらうと同時に、それを貫くための行動指針が必要です。行動が伴うから理念の実現が可能になるのであり、理念は行動指針に支えられなければ空虚なものに終わってしまいます。

私たちの会社は先代から受け継いだ理念のもとで、住宅業界にイノベーションを起こすことを使命として歩んできました。これまでにない異業種とのコラボレーションやさまざまなサービスや商品を開発し、これからもさらに展開していこうとしています。こうした従来の業界の枠を超えた私たちのイノベーターとしての歩みを支えているのは、私の会社が独自に定めた7つのバリュー（価値観）に貫かれた行動指針です。一人ひとりがこの指針を堅持することで、私たちは新たな道を、自信をもって歩み続けることができました。会社の躍進はこの行動指針の徹底を抜きにはあり得なかったと思います。また、これからも私たちが住宅業界のイノベーターであるために受け継いでいかなければならないものと考えています。

その7つというのは、誠実性、公平性、オープン性、勤勉性、親しみやすさ、ポジティブ性、謙虚さです。これらはすべて、会社の人事上の評価項目でもあります。

第一は誠実性です。例えば嘘を言うことは誠実に反します。知っていることを言わないというのも誠実な態度ではありません。言うべきことを正直に言ったけれどもタイミングが遅い、という場合もあります。細かく見ていけば、何が誠実な態度なのか、決して簡単なことではありません。

実は「常に誠実であれ」というのは、先代社長の父が最も大事にしていたことでした。実際病床にあったときに「力、誠実に生きていかんといかんばい」と言われたことがありました。父はとにかくごまかしを嫌い、常に正直に、そして誠実に生きていました。父のそうした生き方は理念とともに受け継ぐべき大切な財産だったと私は思います。損得ではなく、何が正しくて何が誠実な振る舞いなのかを考えて選択し行動することを、私自身にも会社にも貫いてきました。

例えばこんなことがありました。

ある他社分譲地の一画を買ったお客様から住宅を受注し、契約も済ませていました。通常の工程どおり、まず地盤調査をしたのです。すると調査にあたった業者から営業担当の社員を通して私に「それほど浅いところではないが産業廃棄物が埋められている」と報告がありました。詳しく調べると埋められているのはアスベストが含まれているものでした。アスベストを人体に吸い込むと肺の線維化やがんを引き起こす危険性が指摘されています。「これはどうするか……」というのも法的には問題がないのです。一定の深さがあり、その部分を掘り返す予定もないからです。掘り出さない限りアスベストが飛散する恐れはありません。実際、ほかの業者は知ってか知らでか、その分譲地の隣や近隣の区画で家をどんどん建てていました。

社内で、お客様に伝えるべきかどうかということになりました。建てても法的に問題はないし、実際、建築後に土中深くのアスベストが飛散して健康被害につながる可能性はほぼゼロです。土地を見つけて契約したのはお客様自身で、その過程に私たちはまったく介在していません。しかもお客様は新しい家を楽しみにもしているし、私の会社としてはすでに今期の売上、利益として計算にも入っています。周囲では工事も進んでいる。このまま黙って建てる選択肢もあるのではないか……。しかし、誠実であれという言葉に照らせば、私たちに選択の余地はありませんでした。お客様に正確にありのままを伝えるべきなのです。顧客の立場で考えても知っていることはすべて話してほしいと思われるに違いありません。状況は了承のうえ、気に入った土地だから計画どおり建てるという判断をされるかとも思いました。

いずれにせよこの契約はなくなるかもしれないけれど、事実をきちんとお客様に伝えなければということになりました。

その結果、お客様は非常に驚き、そんな土地は絶対にいらないと、土地を売った不動産業者と交渉して、結局売買契約を破棄したのです。「本当にありがとうございました」とそのお客様は私たちに感謝をしてくれたのですが、結局家づくりの話はなくなり、設計費用や地盤調査費用、そのほか建築資材確保などに使った費用は持ち出しということになりました。

しかし、私はそれで良かったと思いました。地盤調査業者が情報をきちんと伝えてくれて、それを聞いた女性社員が、まあ良いんじゃないか、今さら事を荒立てなくても、などとうやむやにすることなく、わざわざ私に伝えてくれたことは、普段から私が社員に伝えていた「常に誠実であれ」を理解していたことの証明となったのです。

結局、そのお客様とはそれきりになってしまいました。これがハッピーエンドの漫画なら、その後になってお客様から、新しい土地を見つけたから改めてお願いしたいと話がきて、さらに友達も紹介してもらえて、受注はむしろ拡大した、めでたしめでたし……ということになるのでしょうが、残念ながらそういうことはありませんでした。

でもこれでいいのです。誠実であれということは、何か見返りを期待してのことではありません。自分をごまかさない、自分に嘘をつかないという、自分の内面に関わる極めて基本的な事柄です。もしも自分をごまかしたら、そうした嘘をずっと抱えて生きていかなければなりません。人のせいにすることは簡単です。だまされた人間として相手を憎めばいい。しかし自分をごまかしたらきついのです。良心の呵責というものがあります。誠実であるということは、長く仕事を続けストレスなく生きるために非常に大事な価値観だと思っています。

２０１６年４月に起きた熊本地震も、誠実に仕事をしてきて良かったと改めて感じた出来事でした。

４月14日の夜、益城町などで震度７を観測する地震に襲われ、その後のわずか３日間で、震度７、震度６強、震度６弱という猛烈な地震に合わせて７回も襲われたのです。私も過去経験したことのないすさまじい揺れと、余震が連日繰り返される状況に感じたことのない恐怖を覚えました。熊本県のまとめによると、住宅の被害状況は全壊が８６６５棟、半壊が３万４３９２棟に及んでいます。

社員の安否を確認したあと、私は社員を通じてすべてのお客様の家を一軒ずつ訪ねました。益城町にも私の会社が建てて家が何軒もあります。幸いそれらの住宅に目立った被害はなく一人のけが人もありませんでした。

地震に見舞われるまで、地元では「熊本には地震は来んばい」という意識がありました。

実際、1975年と2000年にそれぞれマグニチュード6・1、同5・0という地震を経験した以外、熊本が強い地震に襲われたことはなかったのです。そのためか、住宅を建てるときに特に耐震性能を求めてくる人はほとんどいませんでした。それでも私の会社では、お客様が希望する・しないにかかわらず下地材に耐震ボードを積極的に使って、耐震性能の非常に高い家を建てていました。住まいは人の命を守ることが最大の役割です。未曾有の被害を及ぼした阪神大震災・東日本大震災も私たちは目の当たりにしています。住まいが倒壊して人の命を奪うようなことがあってはならないと思っていました。たとえ建築コストが上がってしまい、利益率が下がることになったとしてもそれが住宅を供給する会社として最低限の誠実さだと思いました。その取り組みの正しさが熊本地震で立証されたのです。

すべてに公平性を貫く

誠実さとともに私たちは公平性という価値観を大事にしています。私の会社は女性社員の割合が非常に高いことが特徴で、ダイバーシティ経営企業100選に選ばれる根拠にもなりました。これも公平性を原則に、男女の区別なくその時点で優秀な人材を採用するという方針で採用活動を進めてきた結果です。ある年などは、10人の新卒採用のうち9人女性ということもありました。障がいのある人も外国籍の人も区別しません。門戸はどんな人にも公平に開いています。人によって適用するルールが異なるといったことはいっさいありません。だからこそダイバーシティも生まれるのです。

オーナーシップ経営を進めるために実施している株式の付与も、全社員が対象です。「ストックオプション制度」で取締役などの経営陣だけに業績に連動して自社の株式を付与する会社が世には数多くありますが、私の会社では全社員に株を付与しているのです。そもそも経営陣にだけ株式を付与するのは公平性を欠くものであり、会社の業績を上げるのは経営陣ではなく社員一人ひとりの力が結実してこそだと確信しているからです。

ただし全社員に付与している株や役員向け業績連動型株式付与については社長の私だけは対象外です。表面的には公平性に欠けているように見えますが、これも公平性を貫くためです。私がこれからはこういう方針で頑張っていこうと言ったときに、社長の私がそのインセンティブとして株をもらうことになれば、「結局自分のためじゃん」と思われるかもしれません。そうなると社員のやる気を阻害することになっていくでしょう。そのため、私一人が抜けることが全員に公平性を担保することになると考えました。崇高な理念や目標を掲げても、それを実現する組織に少しでも不公平感が存在したら前に進めません。どこまでも公平性を貫くことは非常に重要だと思っています。

社長というのはある程度会社のお金を自由に使えます。特に非上場の会社の経営者であれば、利益が出たときに自分のために高級車を購入したり、会社のお金で飲み食いしたりする方もいるかもしれません。しかし社員はよく見ているものです。私は接待交際費を使うことはまずありません。本来ならばもちろん営業のための接待であれば会社経費を使うことは認められているのでなんら問題はないのですが、社員から見れば「社長はいいなあ」となるわけです。車についても、もうかれこれ10年ほど同じ車に乗っています。しかし日本車はすばらしいですね。どこにも不具合がありません。社長自身が社員に節約を叫んでいるのに自分が経費を無計画に使っていたら、社員は不公平感でいっぱいになるはずなのです。社長自ら身をもって公平性を体現すべきです。

何事もオープンにする

オープン性を大きく掲げるのは珍しいことです。上場企業ですからインサイダー取引につながるようなインサイダー情報が外に出てはいけないので、その点は非常に気を遣いますが、そうした配慮をしたうえで、社員には開示できる情報は積極的に伝えていくようにしています。「全員経営」を目指すうえで、情報の公開性は非常に重要です。できるだけ情報を発信して一人ひとりが自分で考えていけるようにしたいと思っています。

社内間の人間関係やプライベートに関わることも、差し支えがないことはオープンにすることを心掛けています。もちろん、本人が公開したくないことも公開しろというわけではありませんが、組織のマインドとしてオープンであることを志向しているということです。誰と誰が交際しているとか、プライベートのことも互いに知っているというところもあります。

以前こんなことがありました。大阪であった採用説明会でのことです。突然ある社員の元気がなくなり涙目になっていました。理由を聞くと「社長、今彼氏からメールがきて別れようって言われました」と言うのです。こんなプライベートなことまで相談に乗ることも少なくありません。逆に、そういうことをオープンに言い合えるような組織は絆が強いのです。

実は社員数が30人ぐらいになるまで、私は社内恋愛を禁じていました。鉄の掟を設け、絶対ダメだと言っていました。小さなオフィスでくっついたり離れたりしていたら、本人たちも周りも仕事にならないと思っていたからです。しかしある日を境に社内恋愛ＯＫにしました。

「社長お話があります」

ある社員から突然電話が掛かってきました。その社員が私の自宅に来ると「辞めさせてください」というのです。急にどうしたのとわけを聞くと、「社内に結婚したい女性がいます。だから辞めさせてください」と答えました。なんて真面目なのでしょう。そんなに本気なら反対するわけがありません。「いやいや辞めなくてもいいよ。そんなに本気なら一緒に働きなっせ」こうしてこの日から社内恋愛ＯＫにしたのでした。

そのルール解禁後、聞けば実は社内で付き合っていて言い出せずに辞めていた人たちも数多くいたというではありませんか。社員を守るつもりがなんてことをしていたんだ、そう思ったのです。みんなでおめでとうと言えるような組織にしたいと私は反省し、もっとオープンにすることにしました。

恋愛関係だけでなく社員のいろいろな背景が分かれば、人事異動なども当人のストレスにならないように配慮することができます。付き合っている2人が離れないようにとか、介護が大変そうだから異動せずに働けるようにとか、情報がオープンであればさまざまな配慮が可能になるのです。

勤勉であること

当社の価値観の一つに「勤勉であること」というものがあります。一見するとまさにブラック企業にありがちな価値観といってもいいでしょう。しかしここでいう勤勉とは、自分の時間を犠牲にしても仕事に励むべきだということではありません。私が言いたいのは、働きやすさだけを追求するのではなく、仕事に生きがいややりがいを見つけて、それに真剣に取り組んでほしいということです。

今は人生１００年時代などといわれ、誰でも当たり前に80歳くらいまで元気に働ける可能性があります。一生のなかで仕事に占める時間は非常に長くなりました。もしその仕事が楽しくなかったら、人生は面白いものになりません。早く仕事が終わらないかななどということばかりを考えて仕事をしていても、充実した人生を過ごせるはずはないのです。

勤勉であれというのは仕事を楽しめということです。そして誰かに対して奉仕をすることで、達成感や充実感を得てほしいのです。仕事に対してワクワクした気持ちで臨むという意味で、勤勉な人であってほしいと思っています。Appleを率いたスティーブ・ジョブズも、テスラや最近ではTwitter社買収で世を騒がせたイーロン・マスクも、これだと思った発見に夢中になってハードワークを重ねました。成功した起業家でハードワークしなかった者など一人もいないと思います。

ジョブズが２００５年にスタンフォード大学の卒業式で述べたスピーチは有名です。「ハングリーであれ、愚か者であれ（Stay hungry, Stay foolish）」は、馬鹿になるくらいすべてを忘れて夢中になれ、そういうメッセージだったと思います。私も採用面接の場では、「長い人生はワーク・ライフ・バランスばかりではない、馬鹿になれるくらい夢中になれる仕事を見つけてほしい」と、学生に語り掛けています。

格好はつけなくていい

7つのバリューの一つに「親しみやすさ」というものがあります。これは私の会社の大切なカラーです。私自身が格好つけたり見栄を張ったりするのが嫌いなので、かなり私自身の価値観が入ったバリューになります。

フレンドリー、あるいはフランクリーな人でなければ、コミュニケーションは深まりません。例えば上司が最新のテクノロジーについて分からない場合でも、恥ずかしがらずに部下に「これちょっと分からないから教えてくれる?」と教えを請うような率直さが大切だと思います。分からないことは分からないと知ったふりをせずに素直に聞くことで、お互いを育て組織を成長させていく力になるのです。

そしてお客様に対しても、無理して標準語を使う必要はないと伝えています。大手住宅メーカーのなかには、高額の商品を売るのだから標準語できちんと話しなさいと指導するところもあるようです。しかし私はそうは思いません。熊本弁で話していいのです。それよりも自分の思いを込めて話そうよと教えています。そのほうがずっと大切です。それによって多くの人から実際「あなたの会社の人はみんな感じが良くて、とても話しやすい」とよく言われます。また、当社の社員には格好をつけたり、斜に構えたりするような人はいないので、「非常に素直で親しみやすい社員が多いですね」ともよく言われます。このカラーはどんなに会社が大きくなっても継続していきたいと思います。

ポジティブであり、謙虚であれ

私の会社が大切にしている７つのバリューの最後の２つは一対でもあるのですが、ポジティブ性と謙虚さです。

人は生まれつきネガティブな性格の人とポジティブな性格の人がいます。これは動かしがたい事実で、ポジティブを一方的に選ぶのは不公平に思われるかもしれませんが、確かに違いが生まれます。ポジティブであるほうが良い結果が出るのです。

人の運というのは50：50で、良かったり悪かったりです。常に必ず運が良い人、逆に悪い人などいません。ところが自分のことを運が良いと思いますか、それとも悪いと思いますかと聞いて運が良いと答える人は、客観的にはとても運が良いとはいえないことまで運が良いと思う人なのです。

例えば私自身も超ポジティブな人間です。新車を買って2日目に、ガードレールに側面をこすって、キズだらけにしたことがあります。普通ならがっくりと落ち込む場面です。しかし私は「ああ良かった。ぶつかったのが人でなくて助かった」と思ったのです。「これはきっと神様が人の代わりにガードレールにぶつけたんだ。これを戒めにして気をつけよう。それにしても良かった」というわけです。別に強がっているのではありません。自然にそういう思考に向かうのです。

これまではこのポジティブ性とその結果の相関ということは学問的に議論されてこなかったのですが、最近はいろいろと論じられるようになりました。ポジティブな人間の集団にネガティブな人間が１人入るだけで成果が落ちるという話を聞いたことがあります。また量子力学の世界でも、ポジティブかネガティブかという思考の違いが量子の動きを変えるという説も出ています。思考は現実化するのです。ポジティブに考えていたら、物事はポジティブに動きます。したがってポジティブな人間が多く集まった企業ほど成果は上がると思うのです。

実際、上場会社の社長で、自分の手で上場まで果たした人は、私も含めて非常にポジティブな性格です。やはりポジティブでなければ、夢は実現できないのだと思います。

しかし同時に、ポジティブでありながら謙虚さを併せもっていることが大事です。ポジティブで、しかも謙虚さをもたないという人とは付き合いたいとは思いません。謙虚な人には人がついていきます。どれだけ自分で頑張った人でも、謙虚さがなければ人はついてこないし、尊敬を集めることもありません。

私はすべての社員に、くん、さん付けで話をして、呼び捨てはしません。社外の人は年下であっても、誰であっても高校生以上であれば敬語で話します。

謙虚さというのは人を対等にリスペクトすることだと思います。相手をリスペクトして、たとえ取引業者の人であろうが社員であろうが居酒屋の店員であろうが、私は必ず敬語で話します。

あるとき居酒屋で「おいっ、兄ちゃん、ビールまだあ?」というように横柄な態度を見せた社員がいました。そこで私は「ねえ○○くん、僕らは決して神様じゃないんだから。敬語で頼まなきゃいかんばい」そう諭すと、その社員はその後決して横柄な態度をとることはなくなりました。「常に謙虚に」自戒の意味も込めてそのようにありたいと思います。

もう一つの事業承継

私は理念づくりに始まり、それを実現するためにミッション、ビジョン、バリューを定め、行動指針を明確にして、年々大きくなっていく組織を運営してきました。

「でもさあ、社員4人っていっても昔だったから成長できたんじゃないの? 今なら難しいよ」そう思った方もいるのではないでしょうか。ところが、現在インセンティブ制度や従業員向け株式交付制度などのモチベーション経営、ミッション、ビジョン、バリュー経営を通じて急成長している会社が実はあるのです。それは横浜にある「タクエーホーム」という会社です。なんとここ2年間で売上高が10億円（赤字）から翌年18億円（経常利益8500万円）、さらにその翌年は37億円（経常利益1億9000万円）となんと3・7倍まで業績が急拡大したのです。何を隠そうこの会社、私が2020年に買収した会社です。

買収当初、私自身今までの経営のやり方が通用するのだろうか、たまたまリブワークの社員が良かったから成功したのではないかと一抹の不安がありました。タクエーホームとの出会いは肥後銀行からの情報提供でした。それまで何十もの情報をいろいろなM&A仲介会社からいただいていたのですが、すべて何かが違っていました。しかしこの会社の情報をもらったとき、ピンと感じるものがあったので「すぐに社長様にお会いしたい」と言って2週間後には横浜に訪れていました。この会社は横浜に本拠を置き、建売分譲住宅事業を手掛けている不動産会社でした。私は当時首都圏への進出を考え、施工ができる会社を探していたのです。

タクエーホームのオフィスに入ると、女性がにこやかに「こんにちは」と出迎えてくれました。もちろん社員の皆さんは私がM&Aの話に来たとは知りません。「なんか感じのいい会社だな」そのように感じながら奥に入っていくと、先方のオーナーがいらっしゃいました。軽く挨拶を交わすとすぐに意気投合し、それぞれの会社のこと、業界のこと、今後のビジョンなど熱く語り合うことができたのです。そして社員たちをものすごく大事にされており、売却先に関しても社員の待遇が一番のポイントのようでした。私たちが社員にやってきたこと、そしてタクエーホームでも同じようにしていくことなどを話し非常に納得されていました。その後も何度か訪問したのですが、皆さん挨拶やおもてなしがすばらしくしっかりと教育されていることを実感しました。私は、これはすばらしい、こんな方たちであればきっと良い会社になると確信し、正式に買収意向を伝えることにしました。

あとから聞いた話によると実はほかにも話があったようでしたが、先方の社長も私を気に入ってくれたようで、他社との交渉はその日で中止したそうです。通常ならあなたはいくらで買ってくれるのか、実は他社でこれだけの提示をしてくれている会社もあるんだけどなどといった話になりがちなのですが、そういうことはそのときもそのあともいっさいありませんでした。

「コロナ禍で不動産業界の先行きが見えないなか、もっと価格交渉できるのではないですか？」

取締役会ではそのような意見もありました。しかし、私は先方のオーナーの誠実で紳士的な態度に惹かれるものがあり、社内を説得してこのM&Aを当初提示された価格のままで契約に進みました。こんなにスムーズなM&Aはほかに例がないと銀行の担当者にも言われるほどでした。

実はM&Aで子会社化を決定した直後、コロナショックのせいで私の会社の株価が大きく下がりました。しかしその後株価は急速に回復し、半年後には株価が4倍から5倍にまではね上がるなど、市場もこの買収が起点となって首都圏での取り組みが本格化するということを高く評価してくれたのです。

そして買収と同時に私はこの会社の社長を兼務することになりました。父から受け継いだ自分の会社の経営とは異なり、すでに実績をもち独自のカラーもある会社を受け継いで新たな一歩を踏み出していかなければなりません。自社のときとは違った意味での事業承継に取り組むことになったのです。私が採用していない元からいる社員のみんなに対してどのように方針を伝えていくか、またどのようにリブワークが強みとしている部分のシナジーを出していくかを考えました。

そこでまず私が自分への戒めとしたのは、焦らないこと、そして自分の色に急いで染めようとしないことでした。

世間では、着任したばかりの新社長は自分のカラーを出したい一心で、よく調べもせずに新たなルールを押しつけたり、自社でうまくいっていた営業手法を強引にもち込んだりすることが少なくありませんが、当然元の社員の反発を買い、新たなスタートがうまく切れません。例えば私ならデジタルを駆使した営業手法に強引に切り替えようとするといったことです。

私は「慌てない、慌てない」と自分に言い聞かせながら、毎月必ず社員との面談の機会を取り、この会社の良いところは何か、そして困っていることはないか、また変えるべきところがあるとすればどこかと考えていきました。私が大学院在学中、他界した父の跡を受けて社長に就任したときと考え方は同じです。あのときも、父はどう考え何を大切に仕事をしていたのかということを父のノートを前に考え続けました。

社員の皆さんは礼儀正しく、仕事ぶりも丁寧でしたし、地域で最も低価格でしかも高品質な住宅を供給していました。目新しい派手な営業手法ではなかったのですが、実直な営業で売上も上げていました。

ただし完全にトップダウンの会社でした。社員は会社のビジョン、方向性、目標といったものをいっさい知らなかったのです。昨年どれだけ売上がありましたかと聞いても答えられません。今年はいくら売り上げる計画なのか、何棟建てるのかと聞いても、「僕たちには関係ない。それは社長が決めることだと思う」という答えしか返ってきませんでした。

そこで私が最初に実行したのはビジョンと目標の共有です。私は10年後にこの会社をこういうものにしたい、そのために1年後はこう、2年後はこう、3年後はこうなるようにしていきましょうと語り掛けました。そして各部署の各社員はどういう目標を立てて実現のために何をするのか、それぞれ具体的な計画を立て、それを全員で共有することにしたのです。

さらに、これまで社長とはメールですらつながっていなかったので、私は全社員にメールアドレスを伝えて、直接やりとりをしましょうと呼び掛けました。部門長を通すのではなく、私と社員全員がフラットな関係でつながり、全員が私にいつでも意見が言えるように変えたのです。

また、それぞれが自分の工夫、自分のやり方で土地を仕入れたり、住宅の販売をしたりしてノウハウは誰にも教えないという状況がありました。不動産業界ではよくある傾向です。しかし、このままでは組織としての成長はなく、新しい戦力も育ちません。特に新卒採用をタクエーホームでも始めたので、早急に改善する必要があったのです。そこでリブワークでは電子マニュアルの仕組みを運用していたので、それを彼らにもやってもらうことにしました。属人化されていたものをすべて電子化して誰もが参照できるようなものとしてつくり上げたのです。その結果、リブワークを超えるほどすばらしいマニュアルが出来上がったのです。今では中途で入社してくる社員からこのマニュアルが非常に助かっているという声が挙がるほどになりました。

さらにその後も、トップダウンの組織運営スタイルを変えるために、とにかく社員の話を聞き続けていきました。今どういったところに課題があると思うか、どうすればいいかということを徹底して話し合い、さまざまな施策を打ちました。

そのとき気をつけたのは、打ち手を決めるまではたくさん聞くけれども、いったん私が決断したことはたとえ反対の立場の人がいても反論を許さない、決めたことは全員にそれを実行させるということです。これは徹底しました。決めるまでは聞く、決めたら聞かない――そうでなければ、経営方針がブレブレになってしまいます。

しかし、これができていない経営者は意外に多いと思います。社員の意見を聞かずにトップダウンで自分ですべて決めてしまうか、反対に意見ばかり聞いて何も決められない人が多いのです。これでは経営になりません。

新たに子会社に組み入れた不動産会社は、わずか２年間で売上高が３・７倍になったのです。事業承継の一つの成功例にできたのではないかと思っています。

暮らしのプラットフォーマーへ

私たちの会社の成長は、先代の理念を受け継いで明確な形で言語化し、そのもとでビジョンを描き、それに共感する新人社員とともに歩むことで可能になりました。その歩みのなかで私の会社は一住宅会社であることを脱し、暮らしのプラットフォーマーになることを目指しています。自社生産にて住宅を全国で供給していくことはもちろん、他社物件をも当社のプラットフォームで販売していく。また全国の工務店にいろいろなサービスを提供し、よりすばらしい家をお客様に供給していく。私たちが目指しているのは住宅業界のAmazonなのです。そして売上高1兆円、経常利益1000億円、時価総額3兆円を夢見ています。

「何を馬鹿なこと言っているんだ」そのような声も聞こえてきます。おや、何か同じような話が過去にもありました。「家をネットで売る」そんなことできるはずない。「将来上場する」ムリムリ。私たちは常に無理と思うことを実現してきました。住宅業界のAmazon

になるという夢は決して荒唐無稽な話ではないのです。

そしてその続きとしてリブワークに込めた思い、暮らしのネットワークをつくることに向かって走り出します。さまざまなコンセプトをもった街づくりや空き家問題などにも取り組んでいきたいと考えています。またシェアハウスや民泊など、これからのライフスタイルの変化にも対応し、新しい暮らし方の提案を行っていかなくてはなりません。

そしてプラットフォーマーという立ち位置こそ、私たちの会社の当初からの理念――常に顧客を第一とし、世界中に感動を与えるものを発信し、顧客の夢の実現に貢献する――から導き出されるものです。私たちは当初から「住宅をつくること」だけを目標にしてきたのではありません。オープンイノベーションによるコラボレーション住宅の開発、工務店・建築事業者向けプランニング＆提案ツールのサブスクリプションサービスの提供、業界に先駆けたカーボンフットプリントへの取り組み、３Ｄプリンターによる家づくりへのチャレンジなどもすべて、自らの手で住宅を提供することだけにとどまらない、住宅プラットフォーマーとしての取り組みです。理念の実現に真正面から取り組んだことが日本の住宅産業の旧態依然とした現状を打破するさまざまなイノベーションにつながりました。

24年間、私たちを支えてきた理念のもと、私たちは日本の住宅産業界にこれまで存在しなかった暮らしのプラットフォーマーとして、暮らしを変え、世界を変え、夢のある未来をつくるために、これからも先頭を走り続けていきます。

おわりに

大学院生として父の工務店を受け継いだとき、私は住宅も建築もまったくの門外漢でした。なぜなら学生時代、私は弁護士になることを目指して司法試験合格に向けた勉強に打ち込んでいたからです。これから地方工務店の経営はどうなるのかとか、建設産業の先行きや市場の見通しはどうかとか、高齢化する大工さんの代わりはいるのかといったことに私はまったく関心がありませんでした。

私は住宅の素人でしたから、住宅とはそもそもなんなのか、住宅を提供する仕事はどういうことをすれば喜ばれるのか？　そういえば子どもの頃は漫画で未来の家を見てあんなにワクワクしたのに、今はワクワクのかけらもないのはなぜなのだろう？　……素朴なことを考えていました。

工務店2代目社長としてのこうした異色のスタートが、未来の見えなかった小さな工務店をここまで成長させ、住宅業界に大きなイノベーションを起こすまったく新しい住宅テック企業を誕生させることにつながったと思います。

しかしながらこの成功も、本書でもたびたび登場する母である常務の存在なくしては語れません。母にこの本のことを言ったら「こんな本ば書いたらライバル会社が増えるたい」と怒られそうだなあと思いつつ、最後に少しだけ彼女についてお話しさせてください。

父が亡くなったとき、母はまだ44歳でしたので相当不安だったと思います。ましてや社会人になっている子どもは一人もおらず、そのうちの一人は脳性小児麻痺で誰かの手を借りなければ生きていけません。母は一生妹の面倒を見ていく必要があるわけです。けれども私の前では一度も弱音を吐いたところを見せませんでした。それどころか常に前向きで、そして社員たちの「お母さん」として時には厳しく時には誰よりも相談に乗ってあげていたのです。本当であれば、未熟な私の代わりに自分が社長になって経営することだってできたと思います。しかしそうはせず、どんなときも私の意見を尊重しながら、私が考えるビジョンを誰よりも理解して実行してきてくれました。本当に感謝しかありません。

世間ではよく先代と子どもの世襲問題が起こっています。有名なところでは「大塚家具」がよく知られています。本来親子で力を合わせていけば何倍もの力が発揮できると思うのですが、当然一緒にやっているとお互いの意見がぶつかることもあります。しかし、お互いを敬い尊重する気持ちがあれば、必ず道が見つかるはずです。私もこれは良いアイデアだと思っても常務が納得しなかったら進めません。ただ納得できるようしっかりと納得させるためのデータを集め、慎重に伝えていきます。それでも常務が納得しなかったら、おそらくうまくいかなかっただろうと自分自身を納得させるのです。

私はこの会社は父と母が築いたものだと思っています。その大事な会社を私の代で潰すことがないようしっかりと頑張ってきました。もう母も70歳になります。けれどもまだ営業部長として、また常務としてバリバリ頑張っています。その姿を見て改めて尊敬するとともに、次の人材をしっかりと育てていかなければ母はいつまでもゆっくりできないなとも思っています。

私は今、ある夢の実現を考えています。それは仮想の3次元空間メタバースに関連しています。メタバースの技術はまだまだ入り口のものです。これから飛躍的に進化していくはずです。

そのとき、私たちは自由に時空を飛び越え、自宅にいながら、例えばイタリアのコモ湖畔の別荘でテラスのデッキチェアに身を横たえて、湖面を渡る風に吹かれ、鳥の声を聞きながら、心からくつろぐことができるに違いないと想像します。もうリアルな別荘はいらなくなります。行き先も自由です。これも暮らしのプラットフォーマーが提供できる夢の一つです。

住宅の未来をもっと自由にもっと楽しくするために、ビジョンをともにしながら一緒に歩んできた、心強く頼もしい仲間とともに、これからも挑戦し続けていきます。

瀬口 力（せぐち ちから）

1973年熊本県出身。熊本大学大学院在学中の1999年に有限会社瀬口工務店（現・株式会社Lib Work）を営んでいた父親が死去。後を継ぐため、在学中同社に入社、代表取締役に就任する。その後、顧客が家をイメージしやすいようCG・VRによる提案や有名ブランドとコラボした商品の提供、女性の少ない住宅業界で女性が成長の主戦力として活躍する環境づくりに取り組んでいる。2014年には「平成25年度ダイバーシティ経営企業100選」（経済産業大臣表彰）に選出された。

本書についての
ご意見・ご感想はコチラ

2代目工務店社長の
住宅イノベーション

2023年3月17日　第1刷発行

著　者　　瀬口 力
発行人　　久保田貴幸

発行元　　株式会社 幻冬舎メディアコンサルティング
〒151-0051　東京都渋谷区千駄ヶ谷4-9-7
電話　03-5411-6440（編集）

発売元　　株式会社 幻冬舎
〒151-0051　東京都渋谷区千駄ヶ谷4-9-7
電話　03-5411-6222（営業）

印刷・製本　中央精版印刷株式会社
装丁　　秋庭祐貴

検印廃止

Printed in Japan
ISBN 978-4-344-94181-6 C0034
幻冬舎メディアコンサルティングHP
https://www.gentosha-mc.com/